從古人詞語學文化常識 1

閉門羹是什麼，可以吃嗎？

邵穎濤等——著

U0545211

目次

1 頭顱為何又被稱作「首級」？它和軍隊的獎勵制度有關嗎？

「首級」中的「首」是象形字，本義就是頭，這在金文字形的「首」字上表現得很明顯：最上面是頭髮和頭皮，表示頭蓋；下面是眼睛，代表面部。可是為什麼人頭又被稱作首級呢？

這與古代的軍級制度有關。古代將士征戰沙場，無非是為了建功立業、封侯拜將。而戰場上能夠表明戰績的方式之一，就是割取敵人身體的某一部位，以便於戰後清點記功。先秦時期，曾以割敵人左耳計數報功。這在先秦典籍中有很多例子。如《左傳・宣公二年》中記載的一場戰事：「俘二百五十人，馘百人。」一次就割掉了一百多人的耳朵。

到了戰國時代的秦國，商鞅確立了一套新的軍級制度，以取敵人頭顱的數目作為評定爵位的基礎。新制度規定：每斬獲一個敵人頭顱，士兵就可以獲得爵位一級、田宅一處和僕人數個。斬殺的首級越多，獲得的爵位也就越高，最高可至二十級。因為一「首」對應一「級」，因此久而久之，人們就將頭顱稱為首級了。

秦國的軍功授爵制度對普通士兵很有吸引力。依照當時的規定，如果一個士兵在戰場上獲得兩個敵人首級，那麼他做囚犯的父母就可以成為自由人，他做奴隸的妻子也可以轉為平民。而且，如果父親戰死沙場，他的功勞可以由兒子繼承。這無異於一人拼命，全家受益，因此大大提高了秦軍的士氣。

但這種規定也有弊端，在戰場上為了首級而自相殘殺的例子也有不少。據出土文獻記載，在秦軍攻打邢丘時，士兵甲斬獲了敵人的一個首級。士兵乙看到後圖謀不軌，企圖殺死甲將首級據為己有，卻被士兵丙發現，將乙捉拿歸案。到了後世，這種情況更是多見，有些士兵為求封賞，甚至濫殺無辜百姓，而謊報戰功。到北宋時，名將狄青所轄的將士數百人，為求封賞竟互相殘殺，差一點釀成大禍。狄青處理此事之後，上書皇帝陳述了首級制度的種種弊端，並建議予以廢除。自此之後，首級制度就銷聲匿跡了，但首級這個詞卻保留到了今天。

延伸知識 秦始皇兵馬俑中的軍隊等級制度

兵馬俑是秦始皇陵墓的陪葬坑，俑坑中整齊地排列著幾千個真人大小的陶俑，他們個個身著鎧甲和戰袍，與戰車、戰馬一同組成了護衛皇陵的軍隊。

這些忠誠的地下戰士將秦國軍隊的等級制度生動地展現在世人面前。從這些兩千多年之後重見天日的陶俑身上，我們看到，他們不僅面貌神情各不相同，而且在髮式、帽子、裝束上都有很大的區別，並按一定規律排列。在軍隊最前面的是三排弩兵，也就是弓箭手，他們身穿便裝，頭髮統一梳成一個向上翹起的椎髻。據專家推測，他們可能就是爵位最低的「公士」，之所以爵位最低，大概與弩兵主要從事遠射，而沒有與敵人搏殺獲得首級的機會有關吧。

在弩兵之後，就是身著鎧甲的步兵了。他們的髮型與弩兵迥然不同，通常梳著緊貼腦後的髮辮，並戴著麻布做的尖頂圓帽。專家推測，他們應該是擁有二級爵位的「上造」，常常和敵人短兵相接，是戰鬥的主力。公士和上造在俑坑中占了多數，構成了軍隊的主體。

另外，兵馬俑中還有駕馭戰車的御手，他們都戴著板狀的牛皮帽子，鎧甲也比普通戰士精緻。在戰場上，御手直接主宰著戰車的安全，因此地位較重要。據史料記載，御手的級別應至少在三級爵位以上。而俑群中最高爵位的軍官是都尉，他雙手按劍、威嚴莊重，不但身穿陶俑中最精緻的鎧甲，而且戴著「鶡冠」（鶡是傳說中好鬥的鳥）。他的爵位約在七至八級，至少負責指揮一個戰鬥縱隊。還有一種爵位介於御手與都尉之間的軍官，戴著中間有棱的板帽，他可能負責指揮縱隊下屬的一個分隊。

秦始皇兵馬俑表現了秦國軍隊等級森嚴、井然有序的體制，有人據此推測，當時的秦軍可能已經建立比較完備的軍銜體系，提高了作戰效率，為統一六國奠定基礎。

2 額前的頭髮為什麼被稱作「瀏海」呢？

人們常把額前垂留的頭髮叫作「瀏海」，各式各樣的瀏海是千變萬化的髮型中不可缺少的一部分。據說，額前的頭髮之所以被稱為「瀏海」，與神仙劉海有關。

相傳古時有位仙童叫劉海，在民間傳說中，他的額前總是垂下一列整齊的短髮，顯得童稚、可愛。後代畫師所畫的仙童肖像常以劉海為範本。在著名的民俗畫《劉海戲金蟾》中，他額前垂髮，騎在蟾背上，手舞一串銅錢，顯得天真活潑。此後，小孩或婦女額前留的短髮，便稱為瀏海。古時的瀏海一般只有孩童和婦女才留，男子通常是沒有瀏海的。

當然，關於「瀏海」的來歷還有另外一種說法，認為瀏海原本是「留孩」，即指小孩子所留的頭髮。古代女孩十五歲時便盤髮插笄表示成年，男孩則於十五歲時束髮為髻，到二十歲時舉行表示成年的冠禮。在未成年之前，小孩子的頭髮大都是自然下垂的，所以人們用「垂髫」、「髫年」代指兒童或童年。陶淵明〈桃花源記〉中的「黃髮垂髫，並怡然自樂」指的就是老人（黃髮）小孩（垂髫）都非常快樂。不過男女孩童所留頭髮是有區別的：男孩留的是額上左右兩角的胎髮，稱之為「兆」；女孩留的是垂於額頭中央的胎髮，叫作「髦」。這種孩童時代所留的頭髮，統稱為「留孩髮」。有的女子待到成年以後，為了讓自己的髮型更好看，依舊讓額頭上的頭髮自然下垂，保持著留孩髮，也就是現在所說的瀏海。到了唐代，民間產生了「劉海戲金蟾」的傳說故事。由於「瀏海」與「留孩」古時發音基本相同，而「留孩」是口語俗稱較為不雅，故書面文字就常把它寫作「瀏海」。

延伸知識 民間傳說中的劉海是誰，劉海戲金蟾有什麼寓意？

「劉海戲金蟾」是深受百姓喜愛的民間吉祥畫，畫中的劉海是一個稚氣十足的小男孩，手舞一串銅錢，嬉鬧一隻金蟾，喜氣洋洋。

民俗畫中劉海的原型是道教真人劉海蟾。傳說劉海蟾是五代時的燕山人，本名劉哲，字玄英（一說名操，字照遠，又字宗成），他皈依道教前曾經出仕，事燕主劉守光為丞相，可謂官位顯赫。一日，有一位自稱正陽子的道人前來拜訪劉海蟾，道人取出一文錢放於几案上，然後「累十卵於錢上」。海蟾大驚，說道：「危哉！」道人說：「居榮辱、履憂患，其危殆甚！」海蟾於是大悟，遂掛印出家，號曰「海蟾子」，隱居於華山、終南山。《神仙通鑑》說他後來

「遇呂純陽授金液還丹之要，乃修真得成仙道」。全真教尊奉劉海蟾、王玄甫、鍾離漢和呂洞賓四人為祖師，又與王重陽合稱北五祖。後來元代御封劉海蟾為「明悟弘道真君」，遂名聲大振，在民間信仰中頗有聲望。

「劉海戲金蟾」年畫中的金蟾蜍是一隻三條腿的癩蛤蟆，在古代文化中，它可是一種受人供奉的靈物。古代神話認為，蟾蜍是月宮之精，乃是嫦娥的化身；而在道教經典中，蟾蜍是成仙得道的神靈之屬。劉海所戲的三足金蟾，正是服食後可以羽化成仙的靈物。老百姓相信這種金色的三腳蛤蟆，可以給人們帶來好運和財源，因此取劉海蟾中的「蟾」字大加發揮，衍生出了劉海戲蟾的故事。於是，劉海的形象也從成年道士轉化為可愛的童子。由於「金蟾」與「金錢」諧音，有的民俗畫還塑造了劉海遍撒金錢的形象，並發揮成「劉海戲金蟾，步步釣金錢」之說，「劉海戲金蟾」也演變為「劉海戲金錢」，象徵著財源茂盛，取之不竭，預示著生活富裕。

3 「時髦」一詞和頭髮有關嗎？

現在，「時髦」一詞的意思是新穎別致、追逐流行，或是在衣著、思想、行為舉止上時尚、大膽、前衛。甚至有人以穿著稀奇古怪，異於常人為時髦。其實，歷史上各個時期的「時髦」有不同的外在表現，例如魏晉時期談玄論道的風流雅士，以服用「五石散」為風尚，即使造成皮膚焦灼而不得不穿舊衣，也得趕這個時髦。

時髦一詞是在清末時才逐漸轉為如今我們所使用的意思的。如《孽海花》中曾提及一個少年「穿了一身很時髦的衣帽，面貌清腴，氣象華貴」。在更長的歷史時間裡，時髦並不是我們現在理解的意思，而是指當代的俊傑。《後漢書‧順帝紀贊》就記有「孝順初立，時髦允集」之語，《舊唐書》也說「朕初臨萬邦，思弘大化，務擢非次，招納時髦」，其中的時髦都是時代英傑的意思，這個意思直到近代還有使用的。那麼，為什麼將英才稱為「時髦」呢？這與頭髮有關嗎？

「髦」確實與頭髮有關，它其中一個意思就是指額前垂至眉毛的髮式，這種髮式是小孩特有的。古時小孩剪完胎毛後，便任由頭髮生長，並將頭髮分垂兩邊至眉，叫作「兩髦」。因為髦是孩童的髮型，所以小孩子亦稱為童髦、髦子、髦稚。但時髦一詞中的髦卻不是指這種髮型，而是指馬頸上的長毛。這處長毛是馬的皮毛中最與眾不同的，正如郭璞所說「士中之俊，猶毛中之髦」，因此將才俊稱為時髦。類似的詞語還有髦俊、髦士、髦秀、髦英等，以稱呼傑出之士。

延伸知識｜古人留什麼樣的髮型？

一頭秀髮乃是美人不可缺少的一部分。據說漢武帝一見衛子夫便被她的一頭美髮所吸引，「悅之，遂納於宮中」。衛子夫的一頭烏髮為她博得了君王的寵愛。無獨有偶，陳後主的貴妃張麗華「髮長七尺，鬢黑如漆，其光可鑑……容色端麗……宮中遙望，飄若神仙」，其髮質之好令人羨慕。當然，以如今科學的觀點來看，髮質的好壞間接反映出人的營養狀況與生殖能力，因此髮質好的美人就自然而然易得到寵幸。

如果不是天生麗質，精心打理髮型也能得到意想不到的效果，古人和現代人一樣，在頭髮的整理上也下了不少功夫。

原始社會時期，男女老幼皆披頭散髮。後來為了方便生活，除了幼兒垂髮之外，成人開始用繩帶將頭髮束起來，也就是梳辮。男子的髮式比較簡單，商代時男子皆以梳辮為主，下垂至肩或者盤繞於頂。商代之後的男子大多沿襲束髮的習慣，再用簪、笄之類固定（笄除了固定髮髻外，也用來固定冠帽），除了清代必須剃頭留辮子之外，男子髮式並沒有太大變化。

然而婦女的髮型款式就講究多了。古代的女子年滿十五歲便要梳一個髮髻，並插上玉笄、銅笄、金銀笄等來固定髮髻，代表成年。隨著審美觀念的變化，愈來愈多的髮式出現。據說曹丕的皇后甄氏，就曾依據宮中一條靈蛇盤蜷的變化而每日做出新髮型，為宮女們所效仿。魏晉南北朝時期，婦女多將髮髻挽成單環或雙環髻式，高聳髮頂。貴族婦女間還曾流行「蔽髻」，即一種假髮髻。平民百姓間也有戴假髻的，不過髻上的裝飾遠不比貴族使用的髻華麗。

唐朝的女子更是精心打扮、注重髮型。當時婦女的髮式種類繁多，有半翻髻、反挽髻、樂遊髻、愁來髻、百合髻、蹄順髻、盤桓髻、變環望仙髻及各種鬟式等。唐代崇尚高大的髮型，婦女髮髻高聳蓬鬆，烏黑發亮，髮髻上還聳立著兩個髮環，恍如雲朵。巨大的頭頂髮式，以及名貴的飾物，使當時的婦女顯得雍榮華貴、典雅大方。

唐代之後，婦女髮型變得相對簡約，大多梳成髮髻，再插上髮笄，一掃隋唐靡風。清代的髮式，受到了文化交融的影響。漢族婦女模仿滿族宮女髮式，以高髻為尚，後來又崇尚梳辮；而滿族婦女本多為「叉子頭」（旗髻），後來又受漢族影響，將髮髻梳成扁平的形狀，俗稱「一字頭」。

4

為什麼稱丟官叫丟了烏紗帽？烏紗帽是什麼樣子的？

帽子原指中國少數民族地區或尚未開化的地方人們頭上所戴的東西，曾被看作「野人之服」。漢族文化裡稱頭部佩戴物為冠、冕、弁、巾等。到南北朝時，上層社會人士和下層百姓才普遍以戴帽子為時尚，人們製作了各種各樣款式奇特的帽子，烏紗帽也是在這個時候出現的。據《宋書》記載，南朝宋明帝時，建安王劉休仁「製烏紗帽，反抽帽裙，民間謂之『司徒狀』，京邑翕然相尚」。這種帽子的形狀是頂很高，帽沿短，帽子近似為方形，並粘有烏紗。它的樣式十分特別，以至被一些人視為「服妖」。除了劉休仁製作的烏紗帽，當時還有許多款式新奇的帽子。《隋書・禮儀志》記載：「宋齊之間，天子宴私，著白高帽，士庶以烏，其制不定。或有卷荷，或有下裙，或有紗高屋，或有長耳。」可見當時的天子戴的是白紗帽，其他人戴烏紗帽，帽子或者像卷起的荷花，或者有下垂的帽沿，或者有兩個長長的「耳朵」。

隋朝統一中國以後，烏紗帽就風行天下了。當時上至天子，下至百姓，都喜愛烏紗帽。為了顯示出官職的大小，不同等級的官員還會在帽子上掛不同數目的玉飾。一品官掛九塊玉飾，二品掛八塊，三品掛七塊，四品掛六塊，五品掛五塊，六品以下就不准佩帶玉飾了。

到了唐代，樸頭是最常見的頭部佩戴品，但烏紗帽還是受到一部分人的青睞。《唐書・輿服制》記載：「烏紗帽者，視朝及宴見賓客之服也。」可見當時的烏紗帽既是一種公服，又是一種常服。此外，民間還有贈送烏紗帽的習慣，李白的《答友人贈烏紗帽》說：「領得烏紗帽，全勝白接。山人不照鏡，稚子道相宜。」

到了宋代，大小官員都戴著樸頭上朝。一開始，宋代的樸頭內襯木骨，用藤草編成內裡，外面罩上漆紗。後來索性不用藤草，專襯木骨，這樣顯得更加平整美觀。這種樸頭與後世的官帽「烏紗帽」已經十分相似了。據說，宋太祖趙匡胤還對這種官帽的樣式進行了改革。原來在上朝議事的時候，一些大臣喜歡交頭接耳，使得大殿裡十分嘈雜。於是宋太祖規定，帽子的兩邊必須各加一根一尺多長的鐵翅。這樣一來，大臣們想要說悄悄話就不那麼容易了，若不小心把帽子碰掉可就丟臉了，因此大殿的紀律好了很多。由此看來，現代影劇節目中皇帝臨朝時秩序井然、莊嚴肅靜的場面也不完全可信，至少趙匡胤就在整頓朝議紀律上動了不少腦筋，這大概是因為下面的文武大臣中很多都是與他出生入死打江山的兄弟，無紀律慣了吧。

到了明代，官員戴的帽子正式稱為烏紗帽，而且只限於官員佩戴。《明史・輿服志》記載：「洪武三年（一三七〇年）定，凡上朝視事，以烏紗帽，團領衫，束帶為公服。」另外，取得功名而未授官職的狀元、進士，也可戴烏紗帽。政府還規定了它的製作樣式：以藤絲或麻編成帽胎，塗上漆後，外裹黑紗。帽子呈前高後低式，兩側各插一翅。到了明世宗時，又對烏紗帽的雙翅做了一些變動，翅的長度縮短，其寬窄也改變了。官階越高，雙翅就越窄，官階越低，雙翅則越寬。從此，烏紗帽就成為官員的特有服飾，與官職的聯繫也愈加緊密。

清初順治皇帝入關時，收留了許多明代降臣在清廷為官。為了籠絡人心，他允許漢族的地方官員穿明代朝服，戴明代的烏紗帽。等到清室統治鞏固了，便下令將官員戴的烏紗帽改變為紅纓帽。但人們早已習慣將烏紗帽作為官員的象徵了，因此丟官也常常被說成「丟了烏紗帽」。

延伸知識　恭維或讚美一個人時，我們會說給他「戴高帽子」，帽子的高度和恭維有什麼關係？

高帽原是帽子的一種樣式，例如有高山冠、高翅帽等，最初與恭維沒有關係。用「戴高帽」來代稱恭維和北朝的宗道暉有關。

《北史・熊安生傳》記載，宗道暉喜歡戴高翅帽，穿大鞋。有一次，州裡的長官來他這兒視察工作，於是他就戴高帽、穿大鞋前去拜見。他仰頭舉肘，一直拜到鞋上，說：「您的功德可比三公。」他的這個舉動給長官及後人留下了深刻的印象。清代乾隆年間學者翟灝撰《通俗篇》「好戴高帽」條，在引述這段史料後評論道：「今謂虛自張大，冀人譽己者，曰好戴高帽子，蓋因乎此。」可見「戴高帽」原本是諷刺宗道暉虛張聲勢、抬高自己的做法。由於他是透過恭維他人來抬高自己，所以人們就把阿諛奉承別人稱為給對方戴高帽子。

戴高帽代稱恭維的詞義之所以能廣泛流傳，也與後世的風氣不無關係。明朝初年，官員們都著「烏紗矮冠」，並不以高帽為時尚。到了明中葉，風氣大變。據《客座贅語》記載，明正德年間兵部尚書王敞「紗帽作高頂，靴作高底，輿用高杠，人呼為『三高先生』」。可見當時社會開始以戴高帽子為時尚，再加上戴高帽本來就有恭維的意思，所以這個詞語就經常為後人所使用了。

5

如來佛胸前的花紋「卍」是什麼意思？

如來佛胸前常繪有「卍」形花紋，這種符號來自印度，在佛教中具有特殊的意義。

「卍」本來是上古時代許多部落的一種符咒，在古代印度、波斯、希臘、埃及、特洛伊等國的歷史上均出現過，後來被古代的一些宗教所沿用。最初人們把它看成是太陽或火的象徵，之後普遍被當作吉祥的標誌。隨著古代印度佛教的傳播，「卍」字也傳入中國。《佛學常見詞彙》中解釋「卍」讀音為「萬」，是佛三十二相之一。這個字的梵文意思是「吉祥海雲相」，也就是呈現在大海雲天之間的吉祥象徵，有吉祥萬德之所集的意思。它被畫在佛祖如來的胸部，被佛教徒認為是「瑞相」，能湧出寶光，「有千百色」，因而被稱為「佛心」。

另外佛教以右為正道，如禮佛必須右繞三匝，佛眉間白毫，也是右旋旋轉，所以右旋的「卍」成為了吉祥的符號，受到人們的禮拜。

但是「卍」字的讀音在歷史上並不一致，北魏時期的一部經書把它譯成「萬」字，唐代玄奘等人將它譯成「德」字，唐代女皇帝武則天又把它定為「萬」字，意思是集天下一切吉祥功德。然而不管怎麼念，它所代表的吉祥之意卻是不變的。

延伸知識│佛不同的手勢形狀代表什麼？

參觀寺廟時，常會發現廟裡的佛像千姿百態，造型各異，其手勢形狀也是五花八門。雙手與手指所結的各種姿勢在佛教裡有個專門術語叫作法印，又叫印契、印相等。佛、菩薩及本尊所做的手印，象徵著某種特殊的願力和因緣。

佛教的法印種類繁多，常見的有以下幾種：

合掌：合掌在佛教中是表示致敬的禮儀，類似傳統禮儀中以拱手為敬，或現代所通行的握手禮。佛家還用合掌表示一心歸敬，如僧侶拜佛時就合掌致意。

禪定印：它的姿勢是雙手手心向上，右手置於左手之上，兩拇指的指頭相接。一看見這種手印，我們就知道僧侶正在坐禪靜慮。

觸地印：它的姿勢是右手覆於右膝，指頭觸地，又稱為降魔印，這是佛陀成道時所結的印相。

轉法輪印：其姿勢是兩手置於胸前，右掌與左掌相反，左右手指輕輕接觸。

彌陀定印：即阿彌陀佛常做的印相，即二手相叉，右手置於左手上，兩手屈食指，拇指按在食指上。

這些手勢都具有特定的涵意，借助這些繁複的姿勢，我們可以從中窺見佛像特別的願力、因緣和悟境，以及其成道、說法時的特別狀況。

6

「領袖」這個說法出自何處？

領袖的本義就是衣領和袖口。衣領和袖口在衣飾中，有著很重要的作用。它們既有實用價值，又具有美化衣服的功能。說它們實用，是因為衣領和袖口都直接與皮膚接觸摩擦，容易起毛球或破損，所以這兩處經常都是單獨用料或者加厚的；說它們能美化衣服，是因為想要讓一件衣服美觀新潮，就要在衣領、袖口上做文章，愛美的古人就常常在這些地方加鑲金邊。既然「領」和「袖」都是衣服中的重要部位，所以便合併為「領袖」一詞了。《後漢書・皇后紀上・明德馬皇后》中就有「蒼頭衣綠褠，領袖正白」的描寫。

古人穿衣服很講究衣領與袖口的樣式和大小。設計講究的衣領和袖口，穿戴後會給人一種堂堂正正的印象，所以「領袖」就發展出為他人作表率的意思。《晉書・魏舒傳》：「魏舒堂堂，人之領袖也。」意思是說，魏舒儀表堂堂，氣魄非凡，如同衣服中的「領子」和「袖子」一樣，具有卓越地位，堪稱世人之表率。人們便逐漸將同一類人中的代表人物稱為「領袖」。後來又將這個詞指稱國家、政治團體、群眾組織的最高領導者。

延伸知識——「偏袒」這個說法也和衣服有關嗎？

與「領袖」相似，「偏袒」也和古代的服飾文化有關。古代的衣飾與傳統文化具有相當密切的關係。例如，自先秦時代，華夏民族服飾的特點就是右衽窄袖，即是將衣服前襟向右掩。與此對應，胡人服飾的特點則是左衽，即前襟向左掩，所以左衽往往就是受外族統治的標誌。

追尋「袒」字的本意，就是脫去上衣，露出身體的一部分。古代的袒臂常常具有深意，表示奮發、激昂或願意歸降等意思。例如「袒肉」，即脫去上衣、裸露肢體，在古代是謝罪或祭祀時的一種表示。如「將相和」中的廉頗，向藺相如請罪時就袒露上臂，負荊請罪，以表示真誠之心。古人還有「袒左」之禮，就是脫去上衣的左袖，將左袖插入前襟之右，露出裼衣（即中衣）或者左臂的禮儀，這是為了表達誠意。古人「凡事無問吉凶，皆袒左」，而袒右則是罪人受刑的標誌。

到了漢代，發生了一件有關「偏袒」的著名事件。《漢書・高後紀》記載，呂后死後，太尉周勃入北軍，行令軍中曰：「為呂氏右袒，為劉氏左袒。」軍皆左袒。有了將士們的支持，周勃遂率兵盡殺諸呂。此後，偏袒就有了支持包庇的意思。

有趣的是，佛教徒也有「偏袒」的習慣。他們常常身著袈裟，袒露右肩，以表示恭敬，同時也便於執持法器。這種習俗來源自古代印度表示尊敬的禮法，僧侶拜見佛陀或問訊師傅時，都須偏袒，表示對對方的敬意。

7 古人所說的連襟是指什麼人？這個說法是怎麼來的？

生活中，人們習慣將姐妹們的丈夫稱為「連襟」。這個稱謂最早見於唐代，是指彼此知心的朋友，與姐妹的丈夫並不相關。如駱賓王〈秋日與群公宴序〉中：「既而誓敦交道，俱忘白首之情；款爾連襟，共挹青田之酒。」描繪的就是與連襟這樣的知心朋友在一起的快樂。

到宋朝時，連襟成為了姐妹丈夫間的相互稱呼。馬永卿在其所著《懶真子》裡記載：「爾雅曰：兩婿相謂為亞。注云：今江東人呼同門為僚婿，嚴助傳呼友婿。江北人呼連袂，又呼連襟。」可見，當時對姐妹的丈夫還有其他叫法，各地的稱呼方式也略有不同。連袂這一說法在當時也頗為流行，在宋人的著作如《能改齋漫錄》、《朱子語類》中，都有提及。

宋代著名學者洪邁與他的連襟之間感情就很不錯：洪邁有個堂兄在泉州做幕賓，一直很不得意。洪邁妻子的姐夫在江淮一帶做節度使，得知此事後，便寫了一封薦書，推薦洪邁的堂兄去京城供職。洪邁堂兄非常感激，就托洪邁替他寫了一份謝啟，洪邁在這封感謝信裡面很真摯地說：「襟袂相連，夙愧末親之孤陋；雲泥懸望，分無通貴之哀憐。」用「襟袂相連」來形容姐妹丈夫之間的密切關係。

後來，連襟的說法廣為流行，到清代時，已成為姐妹丈夫間的專用稱謂了。

延伸知識 為什麼古人常把妻子稱為糟糠之妻？其緣由為何？

有文字記載的「糟糠之妻」出自《後漢書・宋弘傳》：「（光武帝）謂弘曰：『諺言貴易交，富易妻，人情乎？』弘曰：『臣聞貧賤之知不可忘，糟糠之妻不下堂。』」說的是東漢光武帝劉秀與他的大臣宋弘之間一段對話。當時，劉秀的姐姐湖陽公主丈夫去世，劉秀希望她在滿朝文武之中再物色一位合適的丈夫，結束寡居生活。湖陽公主心儀宋弘，認為「宋公威容德器，群臣莫及」，就請劉秀代為牽線。

宋弘是光武朝的名臣。史書記載：「建武二年，代王梁為大司空，封栒邑侯。所得租奉分贍九族，家無資產，以清行致稱。徙封宣平侯。」（《後漢書》卷二十六）宋弘為人正直，做官清廉，對皇上直言敢諫。先後為漢室推薦和選拔賢能之士三十多人，其中有人官至相位。雖然深得光武帝的信任和器重，但宋弘並未因此而驕逸。他曾經因為推薦桓譚後發現桓譚經常給劉秀彈奏一些靡靡之音，而向劉秀謝罪說：「臣所以薦桓譚者，望能以忠正導主，而令朝廷耽悅鄭聲，臣之罪也。」

難怪湖陽公主會看中這樣一位品行公正的大臣。劉秀也不好明講，就委婉地向宋弘建議「貴易交，富易妻」，宋弘則聽出了弦外之音，婉拒以「糟糠之妻不下堂」，保全了大家的面子。「糟糠」是指穀皮等粗劣的食物，貧者常以此充饑。「糟糠之妻不下堂」是說貧賤時一起吃糟糠、共患難的妻子不可遺棄。有了這個典故，後世就將共患難的妻子直接稱為「糟糠」了。

8

為什麼把事到臨頭才想起用功稱為「臨時抱佛腳」？這其中有什麼故事嗎？

「抱佛腳」這個說法有一段久遠的歷史。唐朝孟郊的〈讀經〉詩云：「垂老抱佛腳，教妻讀黃經。」意思是說：孟郊自認臨近暮年才轉習佛教，還教習老妻誦讀道教經典，以求保佑，有臨渴掘井之意。古人相信奉佛可以保佑家室康健，增積福祇，免受輪迴之苦。孟郊的「抱佛腳」就帶有祈福求祥的意思，而暮年抱佛腳又帶有詼諧意味。所以人們便把平日不早做準備或努力，直到事情緊急時才匆忙設法稱作「臨時抱佛腳」，有時也說成「平時不燒香，臨時抱佛腳」。

說起臨時抱佛腳，還有一個有趣的故事。古時候的雲南地區有個小國家，舉國信仰佛教。有一次，一個被判死刑的罪犯連夜逃脫，闖進一座古廟。這座廟裡供著一座釋迦牟尼的莊嚴法像，罪犯一見佛像，便幡然悔過。登時他激動難已，抱著佛像的腳嚎啕大哭，並不斷地用力磕頭表示懺悔。虔誠叩頭之下，頭破血流，鮮血淋淋。追捕他的官兵也被這種真心悔過的態度感動了，遂稟告官府。國王篤信佛祖，聞言驚嘆，便赦免了罪犯的死罪，讓他入寺當和尚。

傳說故事雖然難以考證，但假如遊客遊覽山西的五台山，或許真有抱佛腳的機會。五台山的廟牆上有個大大的「佛」字，遊客們可以蒙上眼睛後任意摸索，假若摸到了寫有佛字的牆，就算是佛家的有緣人。

當然，事到臨頭才抱佛腳，雖說是「臨陣磨槍，不快也光」，但終究不是解決問題的根本之道。

延伸知識 「臨渴掘井」也是臨時想辦法的意思，它也有什麼故事嗎？

「臨渴掘井」與「臨時抱佛腳」的意思相似，說的是等到饑渴難耐時才開始挖井，當然已經晚了。這個詞語也是比喻事先沒有準備，臨時才想辦法。

這個典故起源很早，《晏子春秋・內篇》中就有一個關於臨渴掘井的故事：春秋時期魯昭公被逐出國，逃亡至齊。齊景公對他出逃原因感到好奇，魯昭公便詳加解釋，將不得已出逃歸咎於自己疏遠賢臣以致無人支持。他把自己流離失所的境況比作秋日的飛蓬，根莖枯萎而隨風飛轉。齊國大夫晏嬰聽說後，感慨說「溺而後問墜，迷而後問路，譬之猶臨難而遽鑄兵，臨噎而遽掘井，雖速亦無及已。」意思是，臨到戰亂已經爆發時才急著鑄造兵器，遇到吃東西乾噎得想喝水時才急著去挖井，雖然快，可也已經晚了。

這句話後來被簡化為「臨難鑄兵，臨渴掘井」，常常被引用。如中國古代醫書《素問・

四氣調神大論》中就說：「病已成而後藥之，譬猶渴而掘井，鬥而鑄兵，不亦晚乎？」意思是說，假如一個人生病後才吃藥治療，禍亂已經釀成才打算治理，就如同饑渴後才打井取水，準備打仗才鑄造兵器，已經晚了。明代思想家朱伯廬的《治家格言》裡也有句名言：「宜未雨而綢繆，勿臨渴而掘井。」更提高了「臨渴掘井」一語的知名度。

9

人們稱自己為「我」，「我」是什麼意思呢？

現代人表示自己時，通常是使用第一人稱「我」。儘管「我」行遍天下，是很常用的字眼，可是「我」字的本意卻與今天的意思相差十萬八千里呢。

為瞭解「我」的涵意，先得從它的字形開始，尋找線索。「我」字是會意字，它從戈，甲骨文寫作「」，字形就像兵器形。「戈」是古代頗為常見的一種兵器，橫刃、用青銅或鐵製成、裝有長柄。這種武器盛行於商至戰國時期，秦以後逐漸消失。戈上突出的部分叫援，援上下皆刃，用以橫擊和鉤殺，勾割或啄刺敵人。所以「我」的本義就是一種兵器，但這種兵器的具體形制已經很難說清楚了。後來，「我」由兵器名稱引申出了「殺」的意思。《說文解字》就解釋說：「我，古殺字」。

那麼代表兵器的「我」，為何又成了自己的代稱呢？原來「戈」是古代具代表性的武器，很容易激起大家的鬥志，所謂枕戈待旦，大丈夫當「能執干戈以衛社稷」（《禮記・檀弓下》）。因此武士們常取戈自持，凡持戈之人皆歸屬於我方，「我」便引申出表示自我的意思，並沿用至今。「我」作為第一人稱代名詞用，最早見於殷商時代的甲骨文中。當時的「我」作代名詞用時，均指「我們」，那是因為當時還沒有自我的觀念，到西周時，「我」就代稱自己了。

延伸知識 古人是怎樣稱呼自己的？

古代人對自己的稱謂可說是五花八門，表現了豐富的文化底蘊、禮教制度和風俗習慣。這些自稱依據地位不同而稱法各異：一國之君常稱自己為「朕」、「寡人」等，是特殊的身分和地位的象徵；普通士人稱呼自己為「不才」、「不佞」，也有「余」、「吾」等，表現了士人的謙遜；地位較低的老百姓則常自稱「小人」、「賤民」等，從側面反映了一般民眾卑微的社會地位。

其實，在先秦時代，人們不分尊卑貴賤，都可以自稱為「朕」。據《史記‧秦始皇本紀》記載：秦嬴政統一天下後，規定：「天子自稱曰朕。」從此之後，「朕」才成為皇帝的「專利品」，誰敢僭越使用，必會視同謀反，有腦袋落地的危險。

在古代最普遍使用的自稱要屬「余」、「吾」等，它們類似於現代的「我」。除了「余」、「吾」，在日常對答中，古人還非常注意在提及自己時使用謙詞。一般人常稱自己為

「鄙人」、「在下」、「小可」、「不才」，用單字表達時還常說「僕」、「愚」等。這些詞語，明顯帶有降低自己身分，抬高對方地位的作用，也表現了封建社會等級森嚴的情形。大臣們在君主面前要自稱「臣」、「微臣」，以示臣服之心。到了清代，滿族大臣自稱「奴才」，將自己身分貶得更低了。具有尊卑觀念的自稱，還表現在社會生活的各個層面：下級官吏在上級面前是「下官」、「卑職」；下級將領在統帥面前是「末將」；丫鬟在主子面前得自稱「奴婢」；百姓在官員面前要說「小人」、「賤民」，即使一大把年紀也得自稱為「小老兒」、「老朽」；古代女子要稱自己為「妾」、「妾身」、「賤妾」等。

10 古代皇帝為什麼稱自己為寡人、朕？

寡人就是「寡德之人」的意思，是古代君主的一種謙稱，意思是說自己無德無能，有負臣民的重托。上古時期，可以自稱寡人的人很多。例如諸侯：「諸侯見天子，曰『臣某侯某』。其與民言，自稱曰『寡人』。」（《禮記・曲禮下》）《史記・廉頗藺相如列傳》中，趙王也問藺相如：「秦王以十五城請易寡人之璧，可予不？」除此之外，士大夫也有自稱寡人的。《世說新語》中：「晉王衍諸婿大會，郭家與衍婿裴遐談，衍謂諸人曰：『君輩勿為爾，將受困寡人女婿。』」有趣的是，《詩經・邶風》中還有衛莊公夫人莊姜自稱寡人的例子：「先君之恩，以勖寡人。」到了唐代，寡人成了皇帝御用的自稱，其他身份的人都不能自稱寡人了。

皇帝還有一種自稱——朕。朕最初是身體的意思，《爾雅・釋詁》中就解釋說：「朕，身也。」在先秦時代，朕是一個普遍使用的第一人稱代名詞，人人都可以自稱為朕。第一個將朕據為己有的皇帝是秦始皇。秦始皇統一天下之後，頒布了一系列禮儀規範：命為「制」，令為「詔」，天子自稱曰「朕」（《史記・秦始皇本紀》）。從此，一般人不能再自稱朕了。不過漢代聽政的皇太后在下詔時，也可以自稱為朕。如《漢書・王莽傳上》中的記載：「太后以為至誠，乃下詔曰：『王氏女，朕之外家，其勿采。』」

延伸知識 常用的皇帝謚號

謚號是對已經去世的人，依照其生前行為而立的稱號，據說始於西周。《周禮》中就有「小喪賜謚」的規定。謚法有兩個要點：一是謚號要符合死者的為人，即《逸周書・謚法解》中所說的：「謚者，行之也。大行受大名，細行受細名。行出於己，名出於人。」當然，在實際操作中，謚號一般多含有褒義。二是謚號是在死後由別人評定並授予的。君主的謚號由禮官確定，由即位皇帝宣布；貴族、朝臣的謚號則是由朝廷賜予的。這類謚號往往帶有評判性，相當於官方的蓋棺定論。也有一些人在死後由親屬或者門人為其確定謚號，稱為私謚，其性質與朝廷賜予的謚號是不同的。

謚號來自於謚法，謚法中規定了若干個有固定涵義的字，大致分為三類：

上謚，即表揚類的謚號。如「文」表示具有「經緯天地」的才能或「道德博厚」、「勤學好問」的品德；「康」表示「安樂撫民」；「平」表示「布綱治紀」。成、桓、昭、穆、景、明等也是褒字。

中謚，多為同情類的謚號。如「愍」表示「在國遭憂」或「在國逢難」；「懷」表示「慈仁短折」。沖、殤、湣、哀、悼等謚號也表示同情且兼有不同程度的貶意。

下謚，即批評類的謚號。如「煬」表示「好內遠禮」，「厲」表示「暴慢無親」、「殺戮無辜」，「荒」表示「好樂怠政」、「外內從亂」等。

謚號的字數最初多為一字或兩字，比較能夠客觀的反映執政者的生平。如周厲王，他得到惡謚就是因為他執政時的倒行逆施。不過在後人「為尊者諱」的觀念下，歷代失政的帝王也並不都是惡謚隨身，如弒父的楚穆公、東漢的桓帝，也都得到了不錯的評價。假若失國者由新朝定謚，他們則容易得到惡謚，如隋煬帝就因他的所作所為而背上罵名。

秦始皇曾因為謚號有「子議父、臣議君」的嫌疑，而把它廢除了。不過到了西漢，謚號制度又重新恢復。到唐代時，謚號的字數開始膨脹，幾乎成了褒獎之詞的堆砌。武則天甚至開創了皇帝生前為自己定謚的先例，其內容由客觀地評判變成了一味地讚美。到了明清時期，這一現象更加普遍，明朝皇帝謚號十七字，清朝皇帝謚號高達二十一字，以至於明清以後人們改用年號或廟號而不是謚號來稱呼皇帝了。

11 為什麼稱兄長為「哥哥」？這個說法是什麼時候開始的？

要論「哥哥」的來歷真是說來話長。「哥」字其實是「歌」的本字，在晉代以前的文獻中常常出現，如晉傅玄《節賦》中就有「黃鐘唱哥，九韶興舞」的句子。清人段玉裁也說：「《漢書》多用哥為歌。」可見，「哥」與「年紀長於自己的男性同輩」這個意思並無關聯，真正表達這個意思的字是「兄」。

那麼，現在常說的「哥哥」又是從哪兒來的呢？古代漢語專家王力先生曾經指出：「哥哥」一詞可能是外來語。據學者研究，哥哥的來歷恐怕與胡語有關，古代的鮮卑族把兄長喚作「阿干」，這個稱呼至今在大陸西北地方還可以尋覓到痕跡。隨著鮮卑族與漢族相互融合，鮮卑語中的「阿干」一詞被漢語諧音借用，逐漸演變為「阿哥」，最後再定型為「哥哥」。

自唐代開始，「哥哥」一詞愈來愈常出現在文獻記載中，這也許和李唐王朝的鮮卑血統也有關係。但那時的哥哥常常作為父對子的自稱，如《淳化閣帖》中有唐太宗寫給唐高宗的手蹟，就自稱「哥哥敕」。到元人白樸的《牆頭馬上》中，仍舊將父親稱為「哥哥」。元明以後，哥哥逐漸固定指同父母的兄長或親戚中年長的男性同輩，如《紅樓夢》裡的「寶哥哥」。另外，哥哥也是女孩稱呼情郎時常用的稱謂，在民謠裡屢見不鮮。也有些地方把「哥哥」視作對丈夫的暱稱。

延伸知識 「姐姐」在古代僅僅指比自己年齡大的女子嗎？

和「哥哥」具有某些特殊用法一樣，「姐姐」一詞在古代也有不少的用法，並不僅僅是指「女兄」。「姐」屬於形聲字，本義是母親的別稱。所以很多字典裡都解釋說「姐」的本義是指母親，古代的蜀人就把母親叫作姐。段玉裁在為《說文解字》作注時甚至認為「姐」字乃「方言也，其字當蜀人所制」。

至於把同父母或只同父或同母，且年齡比自己大的女子喚作「姐」已是宋代的習慣了。南宋吳曾的《能改齋漫錄》認為：「近世多以女兄為姐，蓋尊之也。」隨著詞語意義的演變，「姐」的使用範圍不斷變化，衍生為對一般同輩女性的敬稱，也可以稱呼妻子。如宋代小說《碾玉觀音》中崔寧所說的：「告姐姐，饒我性命！」就是用「姐」稱呼年輕女子。《牡丹亭》中的丫鬟春香也把小姐杜麗娘稱為「姐姐」。

「姐姐」一詞的意義在演變過程中，一直具有多重涵意，有時甚至是婢女、妓女的代稱。

俗語所說的「姐愛俏，鴇愛鈔」就是這種用法的代表。既然「姐姐」是妓女的別名，「姐夫」也就成為嫖客的代稱，如《金瓶梅》：「桂姐連日在家伺候姐夫，不見姐夫來。」同樣有趣的是，「姐姐」在某些場合也是女兒的代名詞，明清小說裡的父母就常稱呼自家女兒為「姐姐」。

12

為什麼將亂寫亂畫稱為「塗鴉」？

「塗鴉」的說法來自唐代盧仝《示添丁》中的詩句「忽來案上翻墨汁，塗抹詩書如老鴉」。這句話很容易理解，古人寫字用墨汁，寫出來的東西自然是黑色的，與烏鴉的顏色一樣。盧仝說自己的作品「如老鴉」，真是既生動又風趣。後人便由此沿用「塗鴉」來比喻書畫或文字的稚劣，這種說法多有謙稱的意味。

現代意義上的「塗鴉」則具有多重的文化內涵。凡是街頭建築物的牆壁上所出現的各類色彩鮮豔的圖案，或奇形怪狀的文字，均可被稱作「塗鴉」。這種被一些人視為藝術、卻令管理者頭痛的街頭文化，是一種結合了「嘻哈」文化的塗寫藝術，形成於一九七〇年代初的紐約。紐約市立大學的學者愛德華在《世界百科全書》中寫道：「『塗鴉』經常寫在公共廁所、公共建築的牆上，或公園的石頭上；有些單字和片語不甚健康；有時只是寫人的名字，也有關於性的，還有許多是政治口號。」部分文化研究的學者則認為：「塗鴉」作品是某些階層人士進行心理宣洩的一種衍生品，尤其是時代壓抑下的族群和階層群眾的心理宣洩，它具有較強烈的反叛色彩、發洩的傾向和隨意的風格，甚至有些反傳統、反社會的精神。

延伸知識 為什麼把繪畫又叫「丹青」，這和顏色有關嗎？

「丹青」代指繪畫，是源於古代繪畫所使用的兩種礦石顏料。「丹」指丹砂，也就是朱砂；「青」指青雘。丹砂和青雘都是製作繪畫顏料時不可缺少的原料。《管子》一書中就提到「丹青在山，民知而取之」。可見，丹青被人們認識和使用的歷史相當悠久。後來，人們用「丹青」指紅色和青色，也泛指絢爛的色彩。漢陸賈《新語・道基》：「民棄本趨末，伎巧橫出……丹青玄黃琦瑋之色，以窮耳目之好，極工匠之巧。」這裡就是用丹青來代指顏色的絢爛。

由此引申，丹青也常常用來指繪畫作品，而且是精美絕倫的藝術作品，與草率的塗鴉不可相提並論。傑出的畫家也因此常被稱為丹青妙手或丹青手。蘇軾〈王晉叔所藏畫跋尾五首・徐熙杏花〉詩云：「江左風流王謝家，盡攜書畫到天涯。卻因梅雨丹青暗，洗出徐熙落墨花。」此處就是用丹青來泛指書畫。流傳至今的古典名畫，更是以其協調的色彩、幽雅的意境為「丹青」一詞作了最好的注釋。

也許有人會問，南宋著名詩人文天祥在〈正氣歌〉中曾寫道：「時窮節乃現，一一垂丹青。」這個丹青顯然不是指繪畫，那又該怎樣解釋呢？其實，這裡的丹青是指史籍。丹青有「史籍」、「史冊」的意思與古代史書的寫作傳統有關，古時常用丹冊記勳，青史記事，因此也就用丹青來代指史書了。

13

現在常用「代罪羔羊」來比喻代人受過的人，這種說法是中國本來就有的嗎？

我們常說的「代罪羔羊」一詞是由西方文化傳來的，屬於舶來品。這個說法源自於基督教文化，出於《舊約聖經》。在摩西時代，依據法規，猶太人在新年過後的第十天，有一個非常重要的節日——贖罪日。在這一天，猶太人徹底齋戒，並在聖殿舉行祭祀儀式，以此祈求上帝赦免他們在過去一年中所犯的罪過。祭祀時，教徒們拿來兩頭山羊，一頭獻給上帝，把它的血作為贖罪祭品；而大祭司則將雙手按在另一頭羊的頭上宣稱，猶太民族在一年中所犯下的罪過已經轉嫁到這頭羊身上了，然後將這頭羊放逐曠野，即將人的罪過帶入無人之境。「代罪羔羊」的涵意就是一頭「帶走了猶太人一切罪孽的羊」，用以比喻代人受過的人。後來這個說法不脛而走，廣泛傳播於世界各地。

無獨有偶，羊在中國也一直是祭祀中主要的祭品。在古代祭祀中，將牛、羊、豕（豬）三牲全備稱為「太牢」，如果只有羊、豕則叫作「少牢」。古人對於祭祀所用的動物有著嚴格的規定：天子祭祀社稷用太牢，諸侯祭祀只能用少牢。祭祀用的動物在行祭前需先飼養於牢（即關養牲畜的欄圈），故這類動物才稱為牢。不過和西方不同的是，中國的「羊」並沒有「代罪」的意味，僅僅是祭祀時的祭品。

延伸知識 羊在古代文化裡表示吉祥美好，具體表現在哪些方面？

在我們祖先的眼中，羊的地位相當顯赫，不僅在日常生活中佔據著重要的位置，還具有象徵意義，與祭祀儀式關係密切。

「羊」的甲骨文寫作「」或者「」，字形就是長著兩隻角的羊頭。羊的兩角彎曲，性格溫順，模樣討人喜愛，而且肉美湯鮮。古人以羊為美，這從造字中就可以看出，如「美」、「鮮」、「羹」等字都從羊，表現了古人對於羊的鍾愛。羊在古代還被認為是吉祥的化身，《說文解字・羊部》提及：「羊，祥也。」就是說「羊」有吉祥之意。用「祥」來解釋「羊」，是人們追求吉慶祥瑞觀念的物化表現，它折射出古代社會的社會心態和審美情趣。

羊還與祭祀活動密切相關，古人祭祀時所用的太牢、少牢之中均有羊。除了把羊當作祭品之外，民間還有祭羊的風俗，如雲南大理等地就有祭羊魂的儀式。人們用豬頭、公雞和饅頭等作為祭品，把羊毛氈懸掛在祭壇旁的樹樁上，表示讓羊受祭祀，祈求羊群不受野獸侵害。

由於羊寓意著吉祥和順，民間還有許多與羊有關的風俗。浙江東陽曾有「牽烏羊以為禮」

的定親禮節。河南一帶，也有舅舅給外甥「送羊」的習慣。最早以送活羊為主，後來改為送以麵製成的羊形麵食。新疆的哈薩克人流行「羊頭敬客」的交際風俗，即宴請親友時要把羊頭捧送給客人以示尊重。青海藏民認為每月初六、初九為羊日，這一天應禁止抓羊，祈求牲畜興旺。回族訂婚時，也要給女方家贈送羊，表示通好之意。

14

「風馬牛不相及」常指兩件事情沒什麼關聯，可是這又和風、馬、牛有什麼關係呢？

「風馬牛不相及」常被人們用來比喻沒有關聯、毫不相干的事情，可是為什麼要將風、馬、牛相提並論來表示事物之間沒有關聯呢？

說起這句成語的來歷，有個有趣的小故事。《左傳・僖公四年》記載：西元前六五六年，齊桓公會盟北方七國準備聯合進攻楚國。楚成王得到消息後，認為齊國師出無名，便一面集合軍隊準備應戰，一面派大夫屈完出使質問齊國。楚國使臣說：「君處北海，寡人處南海，唯是風馬牛不相及也，不虞君涉吾地，何故？」翻譯成白話文的意思就是：你們居住在大老遠的北方，我們楚國在遙遠的南方，相距很遠，即使是馬和牛與同類發生相誘而互相追逐的事，也跑不到對方的境內去，沒想到你們竟然進入我們楚國的領地，這是為什麼？這裡的「風」，並不是颳風的「風」，而是指獸類雌雄相誘，也有一種解釋說「風」是「放逸、走失」的意思。因此「風馬牛不相及」，是說齊、楚兩地相距甚遠，連馬、牛都不會走失到對方境內。在屈完不卑不亢的態度與楚國強大的軍事力量面前，齊國終於在權衡利弊後決定退兵。

此後，「風馬牛不相及」就成了固定的成語，還延伸出風馬牛、風馬不接、風馬、風牛等一系列詞彙，均用於比喻事物之間毫不相干。

延伸知識 俗話說「殺雞儆猴」，這雞和猴子又有什麼關係呢？

「殺雞儆猴」是我們經常使用的俗語，用來比喻懲罰一人以恐嚇和警醒其他人。與此類似的說法還有殺雞給猴看、殺雞嚇猴、殺雞駭猴、宰雞教猴等等。可是殺雞為什麼非得給猴子看，難道牠們倆有什麼特殊關係嗎？

據說猴子怕見血，因此馴猴的人便殺雞放血來恐嚇猴子，使猴子馴服。也有說法稱雞是陽氣很重的動物，所以雞血對於猴子的震懾作用最好。這種種說法歸根到底恐怕還是因為猴子很有靈性，所以看到殺雞就能反省自己的行為。可是雞就很冤枉了，為了給猴子現身說法，牠們還要白白地賠上性命。

殺雞駭猴之類的成語運用很廣，如清代李寶嘉的小說《官場現形記》第五十三回中說道：「俗語說的好，叫作『殺雞駭猴』，拿雞子宰了，那猴兒自然害怕。」這種手段常常能收到立竿見影的效果。例如《紅樓夢》裡的王熙鳳，她在秦可卿死後代管寧國府。寧國府的奴才們紀律渙散，不聽調遣，王熙鳳便藉著一個奴才遲到，不僅扣了她的錢糧，還令人打了二十大板。結果立即收到效果，寧府上下沒人敢違令不從。明代通俗演義小說《東周列國志》中也記錄了的一個「殺雞儆猴」的例子：伍子胥向吳王闔閭推薦孫武，吳王有些懷疑他的能力，就讓他訓練一百五十名宮女，並挑選兩名吳王寵妃擔任隊長。這些女子只覺操練有趣，常嬉皮笑臉、打鬧成性。孫武三令五申不見效果，一怒之下下令將兩名隊長就地正法。即使吳王出面說情，他也不為所動。之後，其餘宮女在震懾之下一舉操練成功。孫武這招也深得「殺雞駭猴」的精髓，成效斐然。

15

為什麼用「吹牛」來形容說大話，而不是「吹馬」、「吹豬」或者別的動物呢？

牛是中華文化裡有勤懇、誠實等美德的動物，人們常稱老實勤懇的人為「老黃牛」，心甘情願為人們服務也被稱為「俯首甘為孺子牛」。可是這樣一個忠厚老實的動物怎麼進入了「吹牛」這個貶義詞呢？

「吹牛」現在有誇口、說大話等意思，可是它最早的意思，卻與浮誇無關，指的是中國西北地區的一種渡河工具。史學家顧頡剛先生曾在《史林雜識‧吹牛‧拍馬》一文中作過考證：吹牛一詞最早是西北方言，源於陝甘寧和內蒙古一帶。西北河流湍急，難以行舟，本地人遂就地取材，用若干牛皮或羊皮袋吹成氣囊，紮好口後連接起來，做成皮筏子，作為渡河的工具。牛皮筏子相連，可以承載數千斤的重物過河。據說，元世祖忽必烈就曾把它用於戰爭，並獲大捷。他曾率軍到達金沙江西岸，命令將士殺死牛羊，塞其肛門，「令革囊以濟」，渡江進入麗江地區，並大敗大理守軍。現在雲南昆明的大觀樓長聯中提到的「元跨革囊」，指的就是這個典故。

關於吹牛，還有一種有趣的說法，認為它與遊牧民族的生活有關。遊牧民族逐水草而居，最看重的財產就是牛、馬。因此，人們聚在一起時總喜歡談論自己的牛、馬，其中就難免有誇大的成分。日久天長，「吹牛」之說流傳開來，有了說大話的意思。

有趣的是，在某些地方方言中，「吹牛」還有其他的意思。如在雲南方言裡，「吹牛」是聊天、話家常的意思，與說大話完全無關。

延伸知識 為什麼將高價轉手賣票的人稱為「黃牛」？股市行情好為何叫「牛市」？

中國當代詩人臧克家有首詠牛詩《老黃牛》：「塊塊荒田水和泥，深翻細作走東西。老牛亦解韶光貴，不待揚鞭自奮蹄。」深情謳歌了老黃牛勤勤懇懇、任勞任怨的高尚品德。老黃牛在中國人心中，是代表忠誠、勤奮的文化符號，例如在民間傳說的「牛郎織女」故事中，就是它為牛郎織女牽線搭橋，甚至獻出生命。可是如今的「黃牛」卻與牛的忠誠形象背道而馳，是人人喊打的票販子，這又是怎麼回事呢？

據說「黃牛」的叫法是從近代的上海傳開的，通常指那些賺取毛利的人，常如「黃牛群之騷動」，搶購物資或票券。這一個詞在不同時期所指涉的範圍略有不同，民國初年時多指對法幣、布匹、醫藥等物品囤積居奇的人，中國大陸在文革時期，則用此詞指倒賣縫紉機、自行車、電視機等各類票證的人。現在的「黃牛」則成為高價轉手賣票的票販的專用名詞，無論是球賽門票、演出門票，還是火車票，總少不了「黃牛」們的插足。這個詞彙在指涉範圍的變化，或許也從一個側面說明，黃牛們的主營業務也是緊跟著時局的。

而股市術語「牛市」的來歷則多少與牛的習性有關。這個股市術語來自美國，也就是人們常說的多頭市場，指證券市場行情普遍看漲，延續時間較長的大升市。十九世紀早期，美國人為了區分股市升跌，就把倔強遲緩的熊作為下降的象徵，以熊市表示股市下跌；而把健步向前的牛作為上升的象徵，以牛市表示股市上漲、行情良好。這個說法後來被廣泛接受，成為股市的常用術語。

16

古代建築的屋頂上常會排列數目不等的動物，這是為什麼？

很多古代建築的屋頂上都有數目不等的動物，這些動物依據位置的不同而有不同的名稱：在正脊兩端的稱為「正吻」，也叫「吞脊獸」或「吻獸」；在垂脊、戧脊上的叫「垂獸」或「戧獸」，因為這些獸頭都沿屋脊向外呈瞭望狀，因此也叫「望獸」；在圍脊四角上的叫「合角吻獸」，在岔脊上的一列小獸叫「仙人走獸」。它們不僅有裝飾建築物的作用，而且有趨吉避邪的寓意。

我們以正吻為主來說明之。正吻多用於高等級的建築物，如宮殿、廟宇等，有很悠久的歷史，最初並不是龍形。《三禮圖》中描繪的周王城宮殿上就有鳥形、魚龍形的裝飾物。據載，漢代時柏梁殿上也有「魚虬尾似鴟」的神獸，能夠避火。中國湖北沙市出土的一件西漢元光元年（西元前一三四年）的吻獸實物也說明，在西漢時，古人已經普遍運用吻獸作為建築裝飾了。到了晉代，正脊裝飾獸多為「鴟尾」，其外形類似魚尾，尾端朝上，曲向正脊的方向。唐宋時期，鴟尾改稱鴟吻，上部與鴟尾相似，下部則變化為張口銜脊的獸頭。元代時繼承了金國的龍形吻獸，背部還出現了劍柄——據說寶劍既可以釘住神獸不讓它離開，也可以避免神獸把屋脊都給吞下去。至明清時代，龍吻逐漸盛行，龍頭銜住正脊，尾部向後捲起，身上附有小龍，背上插著寶劍，造型莊重。

其實，正吻在裝飾作用之外也有實用價值。古代木結構建築中，正脊兩端的銜合很是重要，因此常在此處施加重量。另外，為了將斜脊的瓦件固定住，還常用釘子把它們釘住，但釘孔處容易漏水生銹，因此工匠們設計了吻獸遮蓋釘孔，是兼具美觀與實用的設計。

延伸知識｜太和殿頂的裝飾獸

北京故宮是古代建築之集大成者，其中，由於太和殿是皇帝處理政事的主要場所而顯得格外重要，其建築規格也最高，這從太和殿的屋頂就可以充分表現出來。首先，太和殿採用的是重簷廡殿屋頂，這在古代是皇家建築才能夠採用的樣式。其次，太和殿屋頂使用了黃色琉璃瓦，黃色是皇室的專利，除此之外，只有經過允許的寺廟才可以使用。此外，太和殿屋頂的裝飾獸也是最高規格的。中國現存最大的龍吻就在太和殿的正脊上。其八條垂脊上各有垂獸一隻，四條圍脊兩端各有合角獸兩隻，在八個簷角上各有十一隻仙人走獸，這樣算來，太和殿屋頂上就有各種裝飾獸一〇六隻了。

太和殿的仙人走獸，分為仙人一名（騎鳳仙人）及走獸十隻，依次為龍、鳳、獅子、天馬、海馬、狻猊、狎魚、獬豸、鬥牛、行什，它們寓意著吉祥、和美，是鎮宅的神獸。

騎鳳仙人：表示逢凶化吉、遇難呈祥。據說來自一位古代國君的故事，他在一次作戰中失敗，逃至一條大河邊走投無路之時飛來一隻大鳥，國君騎鳥而去，化險為夷。

龍、鳳：表示和諧美滿、子孫滿堂。

獅子：勇猛威嚴的象徵。

天馬、海馬：傳說中的神獸，象徵皇權廣博，可以上天入海。

狻猊：與獅子同類，據說可以鎮災降惡。

狎魚：海中的異獸，可以興雲布雨，預防火災。

獬豸：獨角神獸，可以分辨曲直，是公平正義的象徵。

鬥牛：與虬螭類似的一種神獸，可以作雨。

行什：帶翅膀的猴面人像，是專門為太和殿而創造出的神獸，因為排在十隻走獸的第十位，所以叫行什，是壓尾獸。

太和殿屋頂上裝飾著十隻走獸，在古代建築裡是獨一無二的，寓意十全十美，其他的建築最多只能裝飾有九隻，如地位稍次一些的乾清宮、中和殿、保和殿都裝飾九隻，皇后所在的坤寧宮有七隻，嬪妃所在的東西六宮又減為五隻。如果想要知道古代建築的規格，那就先數數仙人走獸的數目吧。

17

我們用「猴年馬月」來泛指遙遙無期，或沒有指望的事情。為什麼偏偏是「猴年馬月」呢？

要說「猴年馬月」還得從十二生肖說起。生肖是十二種代表十二地支的動物，即鼠、牛、虎、兔、龍、蛇、馬、羊、猴、雞、狗、豬。這些動物，與十二地支子、丑、寅、卯、辰、巳、午、未、申、酉、戌、亥相匹配，常用以記人的出生年份。這種觀念很早就開始萌芽，至晚在漢代就已被社會所接受。這樣說來，「猴年」即指申年，每十二年就有一個猴年。除了用生肖紀年之外，古人還有用生肖紀月的說法：

正月：萬木凋零，虎嘯震野，故稱「虎月」。

二月：大地復蘇，小草新綠，故稱「兔月」。

三月：春雷陣陣，神龍作雨，故稱「龍月」。

四月：天氣轉暖，蟄蛇出洞，故稱「蛇月」。

五月：草長鶯飛，駿馬賓士，故稱「馬月」。

六月：水草豐茂，群羊遍野，故稱「羊月」。

七月：山林樹茂，群猴出沒，故稱「猴月」。
八月：中秋月圓，殺雞飲酒，故稱「雞月」。
九月：秋收時節，養狗防盜，故稱「狗月」。
十月：秋意微涼，肥豬滿圈，故稱「豬月」。
十一月：冬雪初降，室內多鼠，故稱「鼠月」。
十二月：寒風凜凜，老牛歸棚，故稱「牛月」。

這樣看來，每個「猴年」都會有一個「馬月」，以十二年為一個週期，離我們最近的「猴年馬月」是二〇〇四年（甲申年）農曆五月（庚午月），即二〇〇四年六月十八日至七月十六日。既然猴年馬月的確存在，怎麼又用它來形容沒有影子的事兒呢？現在普遍認為：猴年馬月這個詞極有可能是口語中「何年嘛月」的諧音，泛指事情遙遙無期。

延伸知識｜民間在生肖和男女婚配上的講究

古代星命家以人的出生年、月、日、時，分別配以天干地支，每項兩字，湊成八字以推測人的命運。作為出生年標記的十二生肖，表現了某年出生的人身上最基本的特質，因此也就被賦予了某些相生相剋的關係。古人的這種觀念很強，如在婚喪喜慶的場合，生肖與主人或時辰犯忌的人就要避免出席或者佩戴特殊飾物以示迴避。在男女婚配上，古人更是不含糊，非常講究生肖的相配，並且總結了一套簡便實用的順口溜，作為婚嫁的準則：「羊鼠一旦休，白馬怕青牛。金雞怕玉犬，龍兔淚交流。虎蛇如刀錯，豬猴不到頭。」這些說的是婚姻雙方如果是上述相關生肖，則容易犯沖，應該避免。除此之外，還有一些根據動物習性的講究，如屬鼠的不適合配屬蛇的，因為二者本是天敵。

當然，有不適合的就有適合的，習俗認為值得推薦婚配的生肖組合也有不少。常見的生肖婚配宜忌如下：

鼠：遇龍、猴、牛大吉，與羊、馬、兔、雞相配不宜，其他生肖次吉。

牛：遇鼠、蛇、雞大吉，與龍、馬、羊、狗、兔相配不宜，其他生肖次吉。

虎：遇馬、狗大吉，與蛇、猴相配不宜，其他生肖次吉。

兔：遇羊、狗、豬大吉，與鼠、牛、龍、雞、馬相配不宜，其他生肖次吉。

龍：遇鼠、猴、雞大吉，與狗、牛、龍、兔相配不宜，其他生肖次吉。

蛇：遇牛、雞大吉，與虎、猴、豬相配不宜，其他生肖次吉。

馬：遇虎、羊、狗大吉，與鼠、牛、兔、馬相配不宜，其他生肖次吉。

羊：遇兔、馬、豬大吉，與鼠、牛、狗相配不宜，其他生肖次吉。

猴：遇鼠、龍大吉，與虎、蛇、豬相配不宜，其他生肖次吉。

雞：遇牛、龍、蛇大吉，與兔、雞、狗相配不宜，其他生肖次吉。

狗：遇虎、兔、馬大吉，與牛、龍、羊、雞相配不宜，其他生肖次吉。

豬：遇羊、兔大吉，與蛇、豬、猴相配不宜，其他生肖次吉。

如今，婚姻中生肖匹配的說法對現代人的生活已經罕有影響了。現代人多數認為婚姻生活是否幸福美滿，最終還是取決於兩人能否在人生道路上相互理解和支持。

18

「一人得道，雞犬升天」，為什麼貓升不了天？

傳說西漢時的淮南王劉安篤信道教，修煉丹藥，終於飛天做了神仙。他家的雞和狗也跟著沾光，一起升天享福去了。這也就是「一人得道，雞犬升天」的來歷。但一樣是生活中常見的動物，為什麼這個故事中沒有貓呢？這是因為當時人們的庭院中還沒有出現家貓的身影。

貓是一種古老而神秘的動物。西周時期，中國就有了關於貓的最早記載。《詩經・大雅・韓奕》有句「有熊有羆，有貓有虎」，將「貓」和虎視為同等兇猛的野獸。《莊子・逍遙遊》中說「子獨不見夫狸狌乎？卑身而伏，以候敖者；東西跳梁，不辟高下。」這句話的意思是野貓和黃鼠狼東跳西躍，奪取老鼠和雞。可見，古時候的「貓」是體大性猛的山貓或野貓，古人也稱之為「狸」，比後世的寵物家貓兇悍多了。

事實上，漢代以後，人們才開始有意識地馴養貓，因為狸（即野貓）的性情兇猛，不僅吃老鼠也吃雞，因此把狸放在家裡是比較危險的。貓的馴養經歷了很長時間，也不排除由國外引入家貓品種的可能性。總之，直到隋唐時期，中國的家貓數量才漸漸多了起來。不過既然貓沒有趕上「得道升天」的頭班車，那以後也就很難再有機會沾主人的光了。據《山川記異》記載，「燕真人丹成，雞犬俱升，獨貓不去，人嘗見之，就洞呼仙哥，則聞有應者。」無獨有偶，《水經注》裡也有一個相似的故事，「（唐公房）白日升天，雞鳴天上，狗吠雲中，唯以鼠留之。」看來，升天的名額也是有限的。有趣的是，一位金代詩人元好問也對貓不升天的現象感到不解：「同向燕家舐丹鼎，不隨雞犬上青雲？」（《元遺山集》）對貓的遭遇表示了同情。

延伸知識　古人心目中的貓

貓沒有得道升天，除了要留下來抓老鼠之外，也許也與古人對貓的看法有關。

古人對貓的看法可以說是又愛又怕。由於貓能保護莊稼免受鼠害，又是一種猛獸，因此自上古時代起，人們就對牠十分尊敬。《禮記・郊特牲》有這樣一段記載：「迎貓，為其食田鼠也。」說的是在國家每年的臘祭禮儀中，都要迎接貓並加以祭祀。

隨著家貓數量的增多，人們對貓的性情特徵就有更多的瞭解。在古人眼裡，貓是一種神秘而靈異的動物。古人認為，「貓性陰而畏寒，雖盛暑臥日中不憚，鼻端四時冷，惟夏至即溫。

目睛早晚圓，日中如線，就陰則復圓。」（《爾雅翼》）

貓是晚上捕食的動物，所以夜晚瞳孔睜得很大，白天卻眯成一條縫；貓的嗅覺和聽覺靈敏，因而總能尋路回來；貓走路時不發出聲音等等。這些與眾不同的習性，在善於用陰陽來解釋事物的古人看來，自然而然地得出了貓「性陰」的結論。如此一來，貓就常常和一些鬼怪陰邪的事聯繫起來。例如隋文帝時期，外戚獨孤陁用「貓鬼」害人的事件，導致京城裡所有養了老貓的人家都被抓了起來，一時滿城風雨，人人談「貓」色變。唐朝的王皇后和蕭淑妃被武則天害死之前，蕭淑妃詛咒道：「願來世我為貓，阿武為鼠，世世扼其喉。」此後，武則天因為害怕而禁止宮中養貓。在這些事件中，人們畏懼的其實不是真正的貓，而是和貓有關的巫蠱行為。不管怎樣，在古人看來，貓既會幫人捉鼠，又能變成鬼害人，因此貓有正反兩種不同的形象。人們對貓既喜愛又敬畏，是一種複雜的情感。

宋代時，從皇宮到民間都愛養貓，還出現了專門出售貓食的市場，貓家族不管從數量上還是從品種上都有了很大的擴展。當時的人們若想收養一隻貓，還得有些講究。黃庭堅有一首著名的《乞貓詩》云：「秋來鼠輩欺貓死，窺甕翻盆攪夜眠。聞道狸奴將數子，買魚穿柳聘銜蟬。」陸游的《贈貓詩》云：「裹鹽迎得小狸奴，盡護山房萬卷書。」詩人們用魚或鹽來表達對家庭新成員的歡迎，這又叫「聘貓」，表現了對貓捕鼠護家的期盼和喜愛之情。宋代以後，貓作為寵物與人的關係愈來愈密切，關於貓的故事和詩文也愈來愈多。

19

在談論微不足道的技能時，人們常說那是「雕蟲小技」，這雕的是什麼「蟲」呢？

「雕蟲小技」最初寫作「雕蟲篆刻」，它出現在西漢文學家揚雄的著作《法言》中。《法言・吾子》卷中有一段揚雄自問自答的話。有人問揚雄：您年少的時候是不是喜歡作賦？答曰：不錯，我年少時是喜歡作賦，但那只是童子雕蟲篆刻般的技藝，到了成年就不作了。有人問：賦不是有諷諫的功能嗎？答曰：諷諫！諷得好還罷了，但很多時候是「勸百而諷一」，起不了什麼作用。有人說：賦文辭優美華麗，不是很有美感嗎？答曰：織得好的錦衣容易招來蠹蟲；賦的文辭華麗，使文章流於形式，不能發揮它應有的作用。

這裡的「雕」和「篆」都是「雕琢、書寫」的意思，而「蟲」和「刻」指的是「蟲書」和「刻符」，是秦代八種字體中的兩種。秦始皇統一中國之前，各諸侯國的書寫文字都不一樣，據說當時「寶」字的寫法就有一四九種；「眉」字、「壽」字的寫法也都有百種以上。秦始皇進行了文字改革，命令宰相李斯將當時所有字體統一為一種書寫文字，通令全國使用。這種文字就是秦篆，也叫小篆。除了小篆之外，當時還有其他七種字體，為大篆、刻符、蟲書、摹印、署書、殳書和隸書。

蟲書，也叫鳥蟲書、鳥書，是以篆書為主體的一種美術字體。開始它只是在篆書筆劃之外連綴一些鳥或蟲的形狀，後來發展到以鳥蟲形狀代替篆書筆劃。春秋戰國時期，鳥蟲書常被作為兵器或壺器上的紋飾。後來因為鳥蟲書筆劃複雜，花樣繁多，難於仿造，就只用它書寫旗幟和符節。刻符是專門刻在符節上的文字。符節一般用金、銅、玉、角、竹、木、鉛等不同原料製成，分成兩半。使用的時候雙方各拿一半，如果兩部分能夠吻合，就說明對方所持的符節是真的，然後一方就可以向另一方傳達命令、徵調兵將或辦理別的事務。

西漢時期，隸書逐漸流行，蟲書和篆刻已經很少使用。為了能讀懂漢代以前的書籍，西漢政府成立了專門的教育機構，教兒童識別漢以前的字體，包括古文、奇字、篆書、隸書、繆篆（即刻符）、蟲書，也就是「六體」。這些學生要通過太史的面試，才能進入政府部門擔任史官的職務。能夠背誦九千字以上文章的學生才能做「史」；此外能識別每個字的六種字體的學生可以錄為尚書、御史、史書或令史。

蟲書和刻符雖然是兒童學習的科目，但不是所有的兒童都需要學習，也不是所有的兒童都能夠學好。只有立志進入國家高級史官行列的兒童，才需要努力學好蟲書和刻符等字體。揚雄在《法言》中貶低「雕蟲篆刻」，不是因為它們學習起來很容易，而是因為它們最難學，且實際的作用又很小，只有在辨認古字的時候才用得到。學習蟲書和刻符，對於闡明道理、治理國家沒有太多的幫助。賦和「雕蟲篆刻」有相似之處。賦寫起來很困難，因為追求華麗奇特的語言和鋪張排比的句式，但賦寫出來又沒有太大的作用，因為文辭的華麗妨害了思想的表達，實現不了「諷諫」的功能。所以，「雕蟲篆刻」是一種艱深的文字學習；作賦則是一種高難度的文字遊戲。但對於明理、治國等「大道」來說，它們都是一種不重要的技藝，也就是「小技」。後來，人們便把「雕蟲篆刻」說成是「雕蟲小技」。

由此可見，「雕蟲小技」裡的「蟲」不是指某種昆蟲，而是指古代的字體——蟲書；「小技」也不是指輕易就能實現的技藝，而是指與「經國大業」相對的、不太重要的才能和技術。現在，我們也會用雕蟲小技來指某些很容易就能實現的技藝，這與它的本義已經有些偏離了。

延伸知識　漢字發展過程中先後出現過哪些字體？

目前所知最早的成批漢字資料，是發現於河南安陽的甲骨文。甲骨文使用的時間距今已有三千多年，由於其刻在龜甲獸骨上而得名，至今發現的甲骨有十萬片以上，甲骨文文字約有四千五百個左右，其中三分之一能被識別。甲骨文文字線條纖細，稜角分明，字形顯得瘦削挺拔，其基本字形結構與後世漢字一致。

殷周時期鑄刻在青銅器上的文字稱為金文。金文的特點是點畫圓渾，體勢大方。春秋戰國時期，各國的文字很不一樣，秦國文字的字形結構大體上保持了西周的寫法，我們稱之為「大篆」。

秦統一中國後，對文字進行了改革。把大篆進行簡化，在全國推廣使用，這就是小篆。小篆的線條圓轉而勻稱，字形略帶橢圓，顯得極為整齊。這是漢字第一次規範化的字體。

秦代還通行一種小篆的草寫法，這就是隸書。隸書的筆劃趨於平直，後來又增加了波形和挑形，字形漸漸成了扁方形。隸書使漢字書寫由繁變簡，同時使漢字大大擺脫了象形成分，成為一種純粹符號性質的文字。

楷書出現於西漢，成熟於東漢，流行於魏晉，直到現在，也還是漢字的標準字體。楷書的結構與隸書基本相同，只有細微的更動。楷書的出現使漢字完全擺脫了古漢字的圖形意味，成為由筆劃組成的方塊形符號。楷書一般有宋體、仿宋體、楷體和黑體四種。

在漢字字體的發展過程中，總會出現漢字的草寫法，例如隸書就是小篆的草寫法。隸書和楷書也出現了各自的草寫法，即章節和今草。這兩種寫法把漢字的結構和寫法高度簡化，有利於漢字的識別和書寫。後來還出現由今草發展而成的狂草，由於其筆勢連綿迴繞，字形變化繁多，從而脫離了漢字的實用價值，只能作為書法藝術看待。行書也是楷書的草寫法，這種字體端莊而不拘謹，輕靈而不放縱，易認易寫，成為日常使用率最高的字體。

20

清代的鄭板橋曾經自稱「青藤門下走狗」，難道「走狗」曾經是褒詞嗎？

時下的「走狗」可不是什麼好詞彙，大多是指幫兇、爪牙，完全是個貶義詞。可是「走狗」本來並沒有什麼貶義，其內容涵意是隨著時代更替而變化的。秦漢以前，走狗是單純指獵狗的中性詞。如《史記・越王勾踐世家》裡范蠡說過一句名言：「飛鳥盡，良弓藏；狡兔死，走狗烹。」這裡的「走狗」，就是指奔跑迅捷的捕兔獵犬。隨著時代的發展，走狗有了幫兇的意思，想必這與獵犬不加分辨地執行主人的命令有關吧。到清代時，走狗已與奴才的意思差不多了，成了一個不折不扣的貶義詞，如蒲松齡在《聊齋志異・田七郎》裡就說了「操杖隸皆紳家走狗」的話。

可是清代揚州八怪之一的鄭燮（板橋）卻曾自稱「青藤門下走狗」。原來他對明代著名畫家徐渭（字文長，號青藤）欽佩有加，欣賞徐渭的才情和傲氣，遂刻有一枚「徐青藤門下走狗鄭燮」的印章。雖然走狗在清代已有貶義，可鄭板橋的「走狗」卻是一種謙辭，表示對前人的尊重和景仰，表現了一種追求藝術理想就像獵犬追逐狡兔不放鬆的執著精神。正是源於此種理念，近代藝術大師齊白石也稱自己是「三家」

走狗，即徐渭、八大山人朱耷、吳昌碩的忠實追隨者，亦為此意。

延伸知識｜青藤道人徐渭

徐渭是中國明代傑出的文學藝術家，被列為中國古代十大名畫家之一。他是山陰（今浙江紹興）人，初字文清，改字文長，號天池山人、青藤道人，或署田水月、天池漁隱、青藤老人、金壘、金回山人、山陰布衣、白鵬山人、鵝鼻山儂等別號。徐渭在書畫、詩文、戲曲等領域均有很深的造詣，袁宏道盛讚他為「明代第一詩人」，湯顯祖則將其譽為「詞壇飛將」，鄭板橋刻印自稱為「青藤門下走狗」，近代藝術大師齊白石「恨不生三百年前，為青藤磨墨理紙」。可見徐渭對後世的深遠影響。

徐渭的一生潦倒坎坷，經歷了壯志未酬的青年、失意瘋狂的中年和困窘寂寞的晚年。據《明史》卷二百八十八本傳記載：徐渭十餘歲就仿揚雄〈解嘲〉作〈釋毀〉，在諸生中享有盛名。二十歲時考中秀才，有志於功名，然而卻在隨後的八次鄉試中落第，與科舉仕途無緣。好在當時的兵部右侍郎兼僉都御史胡宗憲很欣賞他的才華，將其招致幕府擔任幕僚。年輕的徐渭雄心勃勃，參與過東南沿海的抗倭鬥爭，還曾寫下很多熱情的詩篇。可是天有不測風雲，胡宗憲被指為嚴嵩同黨，在獄中自殺。徐渭深受刺激，一度精神失常，多次企圖自殺。然而，儘管其自殺方式和他的書畫一樣很有顛覆性，例如「以利斧擊破頭顱，血流被面，頭骨皆折，揉之有聲」，或「以利錐錐入兩耳，深入寸許」，但終究「竟不得死」。繼而，在一次發狂時，徐渭殺死了繼妻張氏，並為此下獄七年，出獄時已經五十三歲。徐渭的晚年窮困交加，多數時候以書畫自娛，閉門謝客，直至去世。

徐渭的書法以狂草為代表，繪畫以寫意花卉為代表，皆稱名天下，處處洋溢著張狂和奔放，表現了鮮明的個性特徵，對後世影響很大。在他死後二十年，公安派領袖袁宏道偶於友人家中翻到一冊徐渭詩文稿，不禁拍案叫絕。此後，袁宏道不遺餘力地搜羅徐渭的文稿，大力宣揚，並為其立傳，使徐渭的價值得到了認同。也許，這些身後的知音對於徐渭來說，也是一種安慰吧。

21

為什麼將演配角稱為「跑龍套」呢？

「龍套」其實是指戲曲演出中成隊的隨從或兵卒所穿的戲裝，這種戲裝上常常繡有龍紋又是套頭裝，因此被稱為龍套。穿龍套的通常扮演跟班、隨從等小角色，作於助陣和串場。所以慢慢地，人們就將扮演配角的人或者做些無關緊要工作的人，稱為「龍套」或「跑龍套」了。

用「跑」來形容「龍套」還真是貼切。在舞台上，龍套們總是跟著主帥跑上跑下，而且要跑出上下場的隊形、舞台部位的變換，甚至渲染舞台氣氛、環境變化，都要靠龍套「跑」出來。龍套的業務範圍很雜，流動性很強，因此也被稱為「流」行或「雜」行。龍套可以說是「萬能跟班」，在舞台上一會兒扮演士兵，一會兒扮演太監，時而為了烘托公堂上的森嚴氣氛，在兩旁站隊助威、佇立不動；時而又兩軍對壘、穿梭起舞。根據各劇的不同需要，龍套有各種不同的排場以及隊形變化，如二龍出水、站門、挖門等，有時還要依照隊形變化齊唱各種曲牌。在武戲中，龍套常以四人為一組，每組分頭、二、三、四家（或頭、二、三、四旗），以頭家為帶頭人，手中揮舞門槍旗、紅門旗、飛虎旗，或風旗、水旗、火旗、雲牌等，因此，又把龍套叫作「打旗的」。

龍套在從前的戲班裡雖是不被人重視的雜行，但在戲曲演出中卻是不可缺少的部分，幾乎每齣戲裡都得有龍套。跑龍套能練就演員扎實的基本功，因此過去學戲曲的人一進入戲班的啟蒙課程，常常就是跑龍套。慢慢地再演旗、鑼、傘、報，進一步再演配角、主角。最早的京劇戲班沒有專職的龍套演員，後來發展到主角制時期，出現了龍套專職，有的還獨立於戲班組織之外，何時需要，就何時演出。

延伸知識 京劇中角色的臉譜有什麼涵意嗎？

在中國的傳統戲曲演出中，給人留下印象最深的莫過於臉譜了。

臉譜的鼻祖可以追溯到南北朝和隋唐樂舞節目中的「假面歌舞」，隨著戲曲藝術的發展，演員們開始直接用粉墨、油彩在臉上勾畫，以顯示不同人物的性格和特徵。早期的戲班以露天演出為主，因此多使用黑、紅、白三種色彩強烈的顏色。十八世紀末、十九世紀初，京劇形成了完整的藝術風格和表演方法，臉譜的圖案和色彩也愈來愈豐富，各種人物、性格的區分愈來愈鮮明，形成了一套完整的化妝模式。

京劇臉譜多用於淨角和丑角，是一種寫意和誇張的藝術，常以蝙蝠、燕翼、蝶翅等為圖案勾畫眉眼面頰，結合誇張的鼻窩、嘴窩來刻畫面部的表情。開朗樂觀的臉譜總是舒眉展眼，悲傷或暴戾的臉譜多是曲眉合目。勾畫時以「魚尾紋」（眼角的肌膚紋理）的高低曲直來反映年齡，用「法令紋」（從鼻翼經口角的兩條縱理紋）的上下開合來表現氣質，用「印堂紋」（額部兩眉之間的紋路）的不同圖案象徵人物性格。

從色彩上說，現在的京劇臉譜有紅、紫、黑、白、藍、綠、黃、老紅、瓦灰、金、銀等，這是從人物自然膚色的誇張描寫，發展為性格象徵的寓意用色。一般說來，紅色描繪人物的赤膽忠心，義勇無儔；紫色象徵智勇剛義；黑色表現人物富有忠耿正直的高貴品格；水白色暗喻人物生性奸詐、手段狠毒；油白色則表現自負跋扈；藍色喻意剛強勇猛；綠色勾畫出人物的俠骨義腸；黃色意示殘暴；老紅色多表現德高望重的忠勇老將；瓦灰色寓示老年梟雄；金、銀二色，多用於神、佛、鬼怪，以示其金面金身，象徵虛幻之感。圖案根據角色大體分為額頭圖、眉型圖、眼眶圖、鼻窩圖、嘴叉圖、嘴下圖。

臉譜根據描繪著色方式，分為揉、勾、抹、破四種基本類型。揉臉凝重威武，以整色為主，輔以加重的五官紋理，是較為古老的臉譜形式。勾臉色彩絢麗、圖案豐富，有的還貼金敷銀，華麗誇張。抹臉以淺色為多，意味塗粉於面，不以真面目示人，突出奸詐壞人之性。破臉即不對稱臉，左右不同，表示面貌醜陋或反面角色。

根據臉譜的圖案排列，又分為整臉、三塊瓦臉和花三塊瓦臉和碎臉。整臉就是以雙眉為分界線，將臉譜分為額和面兩部分的圖案，是早期的臉譜形式。三塊瓦臉就是在整臉的基礎上再利用口鼻把面部分為左右的臉譜。花三塊瓦臉則是把三塊瓦臉的分界邊緣藝術化，加上各式圖案的臉譜。碎臉也是三塊瓦臉的變形，其分界邊緣花形極大，破壞了原有的輪廓。

京劇臉譜與京劇表演藝術一樣，是和演員一起出現在舞台上的活藝術，是戲曲藝術中不可缺少的一部分。

22 為什麼說「二月二龍抬頭」？

二月二龍抬頭是元、明以後才有的節日，與唐代的中和節有關。唐德宗貞元五年時規定每年的二月初一為中和節，這天，老百姓常以青囊盛百穀瓜果的種子互相贈送，稱為獻生子，還釀造宜春酒，祭祀勾芒神，祈求豐年。這些與農耕有關的習俗後來移到了二月二，稱為龍抬頭，又稱春龍節、春耕節等，傳說在這天，安眠了一冬的龍會從沉睡中甦醒，掌管新一年的雨水。自此，農民也要開始新的一年的工作了。

中國自古就是農業國家，風調雨順對於老百姓來說是非常重要的，因此，二月二有很多與龍有關的民俗活動。明代沈榜《宛署雜記》中提到，當時的人們「用灰自門外委婉布入宅廚，旋繞水缸，呼為引龍回。」明人于奕正、劉侗的《帝京景物略》中說：「二月二日曰龍抬頭，煎元旦祭餘餅，熏床炕，曰熏蟲兒；謂引龍，蟲不出也。」這天人們吃的食物也與龍有關，吃麵條叫「挑龍頭」，烙餅叫「龍鱗」，餃子叫「龍牙」，炸油糕叫「吃龍膽」，吃爆玉米花也有好彩頭：「金豆開花，龍王升天，興雲布雨，五穀豐登。」吃豬頭肉更是不可少的。古時，豬頭是上等貢品，主管降雨的龍王關係到一年的生計，所以人們要把最好的祭品供奉給龍王，以求豐收。當然，祭祀之後的豬頭肉也可以讓人們享受一頓美食。

二月二是北方春耕的開始，因此皇帝也會在這天帶領百官到御田去耕地，以表示對農業的重視。明朝和清朝前期的帝王每年二月二都要到先農壇內耕地鬆土，從清朝雍正皇帝開始，改為出圓明園，到「一畝園」扶犁耕田。民謠裡還具體地描述了皇帝耕田的場景：「二月二，龍抬頭，天子耕地臣趕牛，正宮娘娘來送飯，當朝大臣把種丟，春耕夏耘率天下，五穀豐登太平秋。」

延伸知識｜正月不剃頭的傳統是怎麼來的？

俗話說「正月不剃頭，剃頭死舅舅」。這個禁忌習俗產生的時間並不長，與明、清之際的朝代更迭有關。在民國二十四年出版的《掖縣志》卷二〈風俗〉篇提到：「聞諸鄉老談前清下剃髮之詔於順治四年正月實行，明朝體制一變，民間以剃髮之故思及舊君，故曰『思舊』。相沿既久，遂誤作『死舅』。」

順治二年，清兵入主中原後不久，攝政王多爾袞代七歲的順治帝頒發了「剃髮詔書」，要求官兵軍民一律剃髮，遲疑者按逆賊論處，會被處以極刑。換句話說，就是「留頭不留髮，留髮不留頭」。漢人自古把頭髮看作是身體的一部分，認為「身體髮膚，受之父母，不敢毀傷，孝之始也。」清政府下達的剃頭令，馬上激起了漢人的強烈反抗，甚至有「寧為束髮鬼，不作剃頭人」的說法。江南一帶反抗剃頭令的鬥爭最為激烈，並引發了清初的「嘉定三屠」，這場鬥爭最後還是清廷獲得勝利。隨著清廷統治的日益鞏固，在「滿與漢，共天下」的局面下，民族間的矛盾逐漸緩和，漢人剃髮也漸成習慣。但剃頭畢竟不是漢人的傳統，民間又不敢與官方公然對抗，就想了一個表示不滿的法子，即在每年的正月裡，人人都不剃頭，以懷念祖先和傳統。後來，由於諧音的緣故，「思舊」轉化成了「死舅」，成為一種新的風俗習慣。

23

為什麼農曆會有閏月？閏月有什麼規律嗎？

我們生活中常使用的日曆有西曆和農曆兩種形式，西曆也叫陽曆，農曆也叫陰曆。雖然陽曆是全球統一使用的曆法，但在中國鄉間，農曆則更受歡迎，這是因為它的日期不但能顯示月亮的盈虧變化，而且更能貼近農時，便於指導莊稼的耕種。

農曆雖然有種種好處，可也難免存在一定的誤差。例如現在世界通用的西曆，是以地球圍繞太陽公轉一圈為一回歸年而制定的，一個回歸年相當於三六五．二四二二天。而農曆基本上是以月亮的圓缺盈虧變化而制定的，一個月相當於二九．五三天，一年十二個月，即三五四．四天，則一個農曆年要比一個西曆年少一〇．九天，如果累積的時間長了，這誤差可就大了，勢必會對農業耕種產生誤導。閏月就是為了減少農曆的誤差、協調農曆年與西曆年的對應關係而設置的。

閏月的設置是有規律可尋的：早在春秋時期，古人就採用了「十九年七閏月」的辦法設置閏月，即在十九個回歸年（六九三九．六天）中，安插七個閏月。這樣算來，十九個農曆年有二二八個朔望月，再加上七個閏月，就有二三五個朔望月（六九三九．七天）了，兩種曆法基本上就平衡了。那麼這七個閏月應該加在什麼位置呢？這與中國的二十四節氣有關。二十四節氣從立春始至大寒止，逢單的就稱作節氣，逢雙的就稱為中氣，即雨水、春分、穀雨、小滿、夏至、大暑、處暑、秋分、霜降、小雪、冬至、大寒等稱為十二中氣。如果一個農曆月份裡沒有包含中氣，那麼它就是閏月，它在哪個月份的後面就被稱為閏幾月。

延伸知識｜二十四節氣的由來及其對農業的影響

二十四節氣是古人在實際的農業生產過程中總結出的科學遺產。早在春秋時期，人們已經會利用土圭來測量正午太陽影子的長短。一年之中，土圭在正午時分影子最短的一天為夏至，最長的一天為冬至，影子長度適中時為春分或秋分，由此確定出了夏至、冬至、春分、秋分四個節氣。節氣不斷地被豐富和完善，及至《呂氏春秋・十二月紀》中，已記載了立春、春分、立夏、夏至、立秋、秋分、立冬、冬至等八個節氣名稱。秦漢之間，人們根據月初、月中的日月運行位置、天氣及動植物生長等自然現象之間的關係，把一年平分為二十四個部分，並且給每個部分取了名稱，這就是二十四節氣。後來在西元前一〇四年，由鄧平等制定的《太初曆》，正式把二十四節氣訂於曆法中，從此確立了二十四節氣對應的天文位置。自此，二十四節氣逐漸固定下來。

節氣常常與農時相對應，如「立春」預示著進入春天，一年四季自此開始；天氣暖和，動物甦醒時叫作「驚蟄」，此時可以春耕；「穀雨」則代表著雨水滋潤、五穀生長。老百姓靈活地把二十四節氣運用於農業生產中，創作出許多農諺，如「大麥不過小滿，小麥不過芒種」、「芒種不收草裡眠」等。人們還運用二十四節氣指導田間管理和推算作物發育，例如諺語說「白露白迷迷，秋分稻莠齊，寒露無青稻，霜降一齊倒。」湖北對於晚稻有「寒露不低頭，割回餵老牛」之說，意思就是，晚稻如果播晚了，到寒露還未抽穗，就不會有什麼收成，還不如割去餵牛。

二十四節氣將天時、氣象與農業聯繫起來，對於農業社會的耕種收割有著舉足輕重的指導作用。它反映了四季變化（如立春、春分、立夏、夏至、立秋、秋分、立冬、冬至等）、氣溫變化（如小暑、大暑、處暑、小寒、大寒等）以及天氣現象（如雨水、穀雨、白露、寒露、霜降、小雪、大雪等），是我們祖先智慧的結晶。

24

為什麼現在將城市裡的道路稱為「馬路」？

「月上柳梢頭，人約黃昏後」，年輕人雙雙約會時，常攜手漫步於「馬路」之上，美其名曰「壓馬路」。可是「馬路」之名究竟源自何處，卻少有人知。有人認為：「馬路」顧名思義就是專供馬車行走的道路，古代豪門大戶以馬駕車，所以大路便順理成章地成了「馬路」。其實這種說法並不可靠，古代的馬車多是有錢人的交通工具，普通老百姓只能坐坐牛拉車。甚至在特殊時期，馬匹奇缺，貴族也無馬車可坐。西漢建國之初，皇帝想用相同毛色的牛來拉車都配不齊。如果從這個角度來看，道路也應該可以叫作「牛路」，好像比「馬路」還更合情合理呢！

其實，「馬路」之說是從國外引進的。十八世紀中期工業革命發生後，隨著科學技術的進步，經濟迅速發展，對交通運輸也提出了更高的要求。為了改變當時的交通狀況，英格蘭人約翰・馬卡丹設計了新的築路方法：用碎石鋪路，並且路的中央偏高。這樣鋪好的路不但路面平坦寬闊，而且更便於排水。馬卡丹設計的路得到廣泛的應用，人們便取其設計人的姓，把這種路命名為「馬卡丹路」，簡稱「馬路」。儘管後來隨著技術的進步，人們廣泛使用瀝青鋪路，使路面更耐久，由此產生了「柏油路」。但馬路的稱呼還是保留了下來，也算是對設計者的一種紀念。一九三〇年代，由影星周璇、趙丹主演的電影《馬路天使》一上演就風靡全國，馬路一詞也由於此片的流行而被愈來愈多的人接受。

「馬路」的來歷還有另外一種說法：二十世紀初，上海聚集了很多單身洋人，他們精力旺盛，興趣廣泛，經常在下午三點之後外出跑馬。當時洋行樓群後的大片泥灘，就是他們驅馳奔騰的場地。於是今天上海外灘一段長五百公尺的小道（即上海南京路的前身），就成了他們的跑馬路。上海人因為總看見洋人在上面跑馬，就稱這段路為「馬路」。

延伸知識　古代的驛路是什麼路？

現在的道路可謂四通八達，高速公路貫通南北東西，駕著愛車就可以遍遊各地。古人出行可沒有這麼舒服和便捷，一是因為交通不便，道路較少；二是因為關口林立，盤查甚嚴。戰國時代的伍子胥就因為要過昭關，一夜之間急白了頭髮。古代把聯通大城市間的道路叫作驛路。驛路大多是沙石路或泥土路，或是複合土路，主要材料是石灰、泥土、沙石等。通常是由官府修建，也有依靠地方百姓和鄉紳、富戶等的力量而修建的。

杜牧在〈過華清宮絕句〉中的名句「一騎紅塵妃子笑，無人知是荔枝來」可謂家喻戶曉，以至荔枝中就有一個品種名為「妃子笑」。此詩記錄了唐玄宗時借驛路為楊貴妃傳送荔枝的舊事。這位曾使六宮粉黛無顏色的楊貴妃，最終香消玉殞在陝西興平的馬嵬驛，她似乎與驛路頗為有緣。當然，驛路可不是僅僅為寵妃傳送美食的，它主要有著重要的軍事、政治作用，用於傳遞資訊和運輸物資。

據說，中國早在商、周時期就已興建驛路，堪稱世界上最早建有交通網絡的國家之一。驛路創建之始，僅限於傳遞軍事文牘，後來發展到轉輸軍需、運送貢品、官員往來等。漢、唐之時，郵驛非常發達，每三十里便置一所驛站，貫通全國。元代的驛運橫貫歐亞，聯繫著各個汗國，發揮著重要作用。可以說，驛路對古代社會的政治統一、文化交流和中外往來都有著極大的貢獻。

25

「紅得發紫」常用來形容官運亨通、仕途暢達的人，可是為什麼不說「紅得發黃」或「紅得發黑」？

中國人喜愛紅色，將紅色視為喜慶吉祥的顏色，平步青雲叫「走紅」，受到重視叫「紅人」，形容一個人如日中天，地位顯赫還常說「大紅大紫」、「紅得發紫」。要知道，能「紅」起來已經很不容易了，更何況是紅得發「紫」！可是為什麼偏偏說紅得發「紫」呢？這恐怕與古代的服飾文化有很大的關係。

古時對衣著顏色有明確的要求。自隋代開始，隋煬帝就制定了法令，較具體的規定了官員品服和吏民衣著的顏色。《隋書・禮儀志》曰：「及大業元年，煬帝始制詔吏部尚書牛弘……等憲章古則，創造衣冠，自天子逮於胥吏，章服皆有等差。……五品以上，通著紫袍，六品以下，兼用緋綠。胥吏以青，庶人以白，屠商以皂，士卒以黃。」

這種規定官民服色的傳統被之後的唐朝所繼承。唐代規定：官員三品以上著紫袍，佩金魚袋；五品以上著緋袍，佩銀魚袋；六品以下著綠袍，無魚袋。由此可見，紫色是當時達官貴人衣著的特定顏色，是象徵高貴的色彩，能穿上紫色官服也是當時官員的追求。不僅在官場如此，連當時的佛家也受到這種審美觀念的影響，以皇室賜予的紫色袈裟為最高榮譽。

唐代的衣冠服飾承上啟下，博採眾長，是中國古代服飾發展史上的重要時期，對後世的影響也很深遠。紫色如此高貴，也就難怪後世有紅得發紫、大紅大紫的說法了。

延伸知識｜清代帝王朝服上的刺繡主要有什麼飾物？

古代不僅以服色決定尊卑，服飾上的飾物也有甄別身份的作用，尤其是帝王服飾的飾物更是極為講究。以清代帝王為例，其朝服規格要求繁複，要根據不同的季節來選擇皮、棉、夾、單、紗等不同質地，還要搭戴不同的冠、帶及朝珠，在刺繡的飾物上更有著嚴格的規定。

清代帝王的朝服，俗稱龍袍，只是帝王繁多服飾中的一種。根據《大清會典》規定，皇帝的朝服一般「色用明黃」，基本款式是上衣下裳相連的長袍，全身繡三十四條金龍，兩袖各繡金龍一條，披領繡金龍二條。朝服還需要搭配箭袖和披領，表現了滿漢文化相融的特色。

朝服的刺繡做工精良，天下無雙，據說一套完整的朝服要花費兩年時間才能完工。這些凝聚工匠心血的服裝，藻飾華美，圖案繁麗，內中蘊含著豐富的文化涵義：它的主要圖案是團龍，龍頭要平視正前方，身盤踞而坐，象徵著國家太平，江山穩定。龍不僅是皇帝身份的象徵，還彰顯著帝王至尊的威嚴。以清朝乾隆皇帝的一件明黃緞繡五彩雲蝠金龍十二章吉服袍為例，該龍袍通身繡九條金龍，肉眼所見只有八條龍，還有一條不易察覺，被繡在衣襟裡面。不管是正背面，都有五條龍紋，恰好符合九五之尊的涵意。

朝服除了龍飾之外，還有一些輔助紋飾，如海水江牙、五色祥雲、暗八仙、八吉祥、儒家八寶、蝙蝠、仙鶴等。這些紋飾除了代表福澤綿延的吉祥含意外，還具有「一統山河」和「萬世升平」的寓意，象徵著皇帝祥瑞福壽，其統治的天下穩固不可撼動。

26 西方人用白色代表純潔，所以新娘要穿白色的婚紗。可是古人為什麼選擇白色作為孝服的顏色呢？

身著白色婚紗，和心儀的白馬王子步入婚姻殿堂是不少女孩夢寐以求的事情。據說，身穿婚紗進行結婚儀式的習慣最早是從英國流傳開的。在西式婚禮上，新郎通常身穿長禮服，與身著白禮服裙、頭戴白色頭飾的新娘，在神壇前許下婚誓。他們在神職人員和親朋好友的見證下，完成神聖的結婚儀式。西方人之所以選擇白色作為婚紗的顏色，是因為在西方文化中，白色代表了純潔與神聖。

而在中國，白色卻是喪服的主要顏色。在中國文化中，白色是枯竭而無血色、無生命的表現，象徵著死亡與凶兆。古人信奉陰陽五行學說，西方為白虎，屬於刑天殺神，主蕭殺之秋，因此古人常在秋季征伐不義、處死犯人，以順應天時。白色也因此成為古代的顏色禁忌。例如，古人在服喪期間要穿白色孝服，「喪事」被婉轉地稱為「白事」。此外，主家還要設白色靈堂，吃「白飯」（米飯），出殯時打白幡、灑白錢。和白色有關的片語，也帶有了不吉利的意味，例如將帶來厄運的女人叫作「白虎星」，罵人智力低下為「白癡」。甚至白色還象徵奸邪、陰險，如戲劇中奸邪之人一般扮為「白臉」，曹操就是這類典型。

中西文化對於白色的不同解釋，表現了不同文化背景下所產生的差異。

延伸知識——中國人為什麼喜歡紅色？

中國人對於紅色的偏愛，有著濃厚的文化內涵。烈日如火，其色赤紅，紅色是源於太陽的顏色，因此古人認為「日為德，月為刑，月歸而萬物死，日至而萬物生。」（《淮南子・天文訓》）陽光下的萬物生機勃勃，令人振奮。出於對太陽的依戀和崇拜，象徵太陽的紅色也備受眾人青睞。

紅色代表著溫暖、熱情、喜慶、吉祥，一直是中國文化中的基本崇尚色。據考古發現，紅色是原始人崇奉的色彩，早在山頂洞人時就已經用紅色來塗染裝飾品。古代的民間習俗喜好紅色，並一直沿用至今。老百姓每逢喜慶，便有搓紅湯圓分送親友的習俗，過年時做的年糕上也喜歡點上紅點；嬰兒滿月時要做紅雞蛋饋贈鄉鄰親友，親朋送的禮物也要包上紅紙；老人過壽，不僅壽堂上要掛紅壽帳，還要做紅壽桃，身穿紅衣服。

紅色中蘊含的喜慶和吉祥，也使它成為婚禮等慶典活動的首選顏色。如每逢喜慶日子都要掛大紅燈籠，貼紅對聯、紅福字；男娶女嫁時要貼大紅「喜」字，穿紅衣服、戴紅蓋頭，乘坐紅花轎，新郎、新娘也要用紅線拴起來；辦喜事還叫辦紅事，媒人喚作「紅娘」，親人要給紅包，甚至放的鞭炮外殼都是紅色的，以祝福這對新人喜氣洋洋、萬事吉祥。

27

紅色是中國人偏愛的吉祥顏色，但為什麼用紅筆寫信卻被視為是絕交或不吉利的意思呢？「丹書不祥」的說法從何而來？

「丹書不祥」的說法其實與民間的文化忌諱有關，與紅色的吉祥涵意相去甚遠。之所以老百姓有「丹書不祥」的心理，是因為古代衙門多用朱筆記錄犯人的罪狀，丹書也就成了定罪之書。這種做法由來已久，在《左傳・襄公二十三年》中就提到：「斐豹，隸也，著於丹書。」反映了當時的罪犯通常被沒為官奴，並在丹書上記錄他的罪行。另外，民間還傳說閻王爺勾畫生死簿時也是用紅筆，被紅筆填寫名字的人就要到閻王爺那裡去報到，相當於被判了死刑。因此，人們忌諱用紅筆書寫。雖然古人校勘文字時也用丹鉛（丹砂和鉛粉）書寫，現在教師、會計等特殊職業也會用紅筆批改更正，但人們還是避免用紅筆直接記錄事項，尤其避諱用紅筆書寫人名。除此之外，用紅筆寫信也是另有深意的，意味著絕交。

其實，「丹書」一詞在古代也有別的意思：一是指用朱筆書寫的祥瑞之書。據說大禹治水時洛河神龜背負出水的洛書就是丹書。周文王時也出現過赤鳥口銜丹書落在周族社壇的祥瑞之兆。此後，歷代的所謂祥瑞以丹書面目出現的就更多了。如漢代的陳勝、吳廣在起義時，就曾預作丹書塞於魚腹，假託天命，號令天下揭竿回應。與此類似，為表示祥瑞與權威，皇帝的詔書也多以朱筆寫成，叫作丹詔。丹書還常指古代帝王賜給功臣世代享受優遇或免罪的憑證，即「丹書鐵券」。這種鐵牌形狀像瓦，按功勞分為不同的尺寸，「外刻曆履恩數之詳，以記其功；中鐫免罪減祿之數，以防其過。」每塊鐵券都一分為二，一半賜予功臣，一半藏在內府，如有需要，取出合在一起就可以免罪。丹書鐵券在民間被稱為免死牌，《水滸傳》裡的小旋風柴進原是前朝後裔，家裡就藏有宋太祖所賜的丹書鐵券。

延伸知識 古代傳說的「洛書」究竟是什麼？它和「河圖」有什麼關係？

「河圖」是古代儒家關於《周易》卦形來源的傳說，「洛書」是《尚書・洪範》中「九疇」創作過程的傳說。它們可以稱得上是八卦、陰陽術數的起源，因此對後世影響很大。

相傳，在華夏民族始祖伏羲氏之時，在黃河中忽然浮現出龍馬，所謂龍馬就是傳說中龍頭馬身的神獸，它背上的旋毛猶如星點，稱作龍圖。伏羲得此圖而演繹成八卦。河圖是伏羲時所傳，而洛書卻是大禹時才有的。相傳夏禹治水之時，在洛水中曾出現一頭神龜，其背上的紋路猶如文字。大禹依照洛書而寫成了《尚書・洪範》中的「九疇」，這其實是天帝賜給禹的治理天下的九類大法，包含有五行、六極等內容。禹也因此將天下治理得井井有條。

由於河圖、洛書的傳說如出一脈，因此人們時常將二者相提並論。早在《周易・繫辭上》就已有「河出圖，洛出書，聖人則之」的記載。後來，河圖洛書被視為帝王聖者受命之祥瑞，也因此有人刻意偽造河圖、洛書迎合聖意，以求富貴。而帝王也樂於藉此標榜自己治國有道，賢明有為。

有人認為河圖洛書是古人對於宇宙自然探索時，從神秘感覺和思想出發的想像，是中華文化之始。但自清代開始，有學者提出了不同的看法。如清代大家黃宗義就認為它們是上古時期的圖經和地理志。另外，也有後人認為它們可能是氣象圖或方點陣圖。

28

為什麼新娘出嫁的時候都要在頭上蓋一塊紅蓋頭？這個習俗是怎麼來的？

蓋頭出現在婚禮中已經有很長的歷史了。宋代吳自牧《夢粱錄‧嫁娶》中就說：「（兩新人）並立堂前，遂請男家雙全女親，以秤或用機杼挑蓋頭，方露花容。」可見，在當時的婚俗中，新娘就是蓋著紅蓋頭的。後世的婚禮習俗與當時略有不同，新娘會蓋著蓋頭入洞房，由新郎以秤桿挑開蓋頭。雖然時間、地點和掀蓋頭的人都不一樣了，但以「秤」掀蓋頭，都表示稱心如意的意思。

關於蓋頭的來歷，唐代李冗《獨異志》中講述了這樣一個傳說：在宇宙初開的時候，天下只有伏羲、女媧兄妹二人。為了繁衍人類，他們準備配為夫妻，但又覺得很害羞。於是他倆向天禱告說：「天若同意我兄妹二人為夫妻，就讓空中的幾個雲團聚合起來；若不許，就叫它們散開吧。」話音一落，天上的幾個雲團就聚合為一。於是，兄妹倆就成了婚。女媧為了遮蓋羞顏，就用草編成扇來遮擋面龐。後人以絲織物代替草編的扇，更加輕柔、簡便、美觀，逐漸形成了蓋蓋頭的婚俗。

其實，蓋頭最早可能起源於南北朝時的齊，最初是婦女用來避塵的頭巾。到了唐朝初年，演化成了從頭披到肩的帷帽。天寶年間，唐玄宗李隆基標新立異，命令宮女以「透額羅」罩頭，就是婦女在帷帽上再蓋一塊薄紗遮住面額，作為裝飾。後來蓋頭流傳到民間，成為婚禮時新娘不可缺少的裝飾。加之古人認為紅色喜慶吉祥，所以新娘的蓋頭都用紅色。

延伸知識｜男女成親為什麼叫結婚？

結婚也寫作「結昏」，在成書於戰國時代的《公羊傳》中就出現了，是個歷史悠久的詞。將男女締結婚姻關係稱為結婚，跟古代成親的習俗有關。

結是聯結、結合的意思。古時女子出嫁時，也有一些與結有關的習俗。古時女子臨嫁之時，母親會為她繫結佩巾，稱為結縭，以示到夫家後侍奉舅姑，操持家務。正如《詩・豳風・東山》中所說：「親結其縭，九十其儀。」結縭在後世還成為了成婚的代稱。此外，古時女子訂婚後，還會用纓束住髮辮，表示她已經有了對象。這種束髮的纓通常是彩色的，女子許嫁後要一直佩戴，直到成婚的當夜由新郎解下：「主人入室，親脫婦之纓。」（《儀禮・士昏禮》）此外，古人還有結髮的習俗。宋孟元老《東京夢華錄・娶婦》中記載：「凡娶婦，男女對拜畢，就床，男左女右，留少頭髮，二家出匹緞、釵子、木梳、頭須之類，謂之合髻」。這是新婚夫婦在飲交杯酒前，各自剪下一綹頭髮綰在一起表示同心的習俗。

婚的本字是昏，意思是黃昏。以昏表示婚姻的意思，是因為古時在黃昏時迎親。《白虎通·嫁娶》中說：「婚者，昏時行禮，故曰婚。」至於為什麼要在夜間舉行結婚儀式，古人自有道理：「士娶妻之禮，以昏為期，因而名焉。陽往而陰來，日入三商（古代用漏刻計算時間，叫作商。三商也就是三刻）為昏。」（《儀禮·士昏禮》鄭玄注）看來，古人傍晚迎親，是因為這是「陽往陰來」的時刻。

唐代以後，迎親的時間由傍晚改為早晨。據唐段成式的《酉陽雜俎》記載：「禮，婚禮必用昏，以其陽往而陰來也。今行禮於曉。」這個習俗從此相沿至今，但是將成親稱為結婚卻並沒有改變。

29 紅茶、綠茶這樣的名字好理解，可是烏龍茶因何得名呢？

飲茶在中國已有幾千年的歷史，並且形成了燦爛獨特的茶文化。成品茶的品種繁多，常見的有綠茶、紅茶、花茶、烏龍茶等。烏龍茶也稱青茶，是一種半發酵茶，葉子較大，呈黑褐色，有分解脂肪和幫助消化的作用，並且銷往世界各地，頗受歡迎。

紅茶、綠茶都是以顏色而得名的。紅茶是發酵茶，需經過萎凋、揉撚、發酵、乾燥、烘焙等工序製成，因此沏時茶色紅豔，稱為紅茶。綠茶則是鮮茶葉經殺青、揉撚、乾燥等程式製成的不發酵茶，乾茶葉和沖泡後的茶湯常呈綠色，故名綠茶。那麼，烏龍茶的名字又是如何而來的呢？

傳說在清朝雍正年間，福建安溪縣西坪鄉南岩村有一個茶農，名叫蘇龍，因為他長得黝黑健壯，鄉親們都叫他「烏龍」，他也是一個打獵高手。一年春天，烏龍腰掛茶簍，身背獵槍上山採茶，採到中午，一頭山獐突然從他身邊跑過，烏龍舉槍射擊，射中了山獐。受傷的山獐逃向山林之中，烏龍也隨後緊追不捨，終於捕到了獵物。當他把山獐背到家時已經是晚上了，全家人忙著宰殺、品嘗野味，便將製茶的事全然忘記了。第二天清晨，烏龍想起採摘的茶葉，趕緊往放了一夜的茶葉簍裡觀看，只見嫩嫩的茶葉上已鑲上了紅邊，還散發著陣陣清香。烏龍試著將這些茶葉炒製後泡了一喝，發現它們既有紅茶的濃厚，又有綠茶的清香，而且喝起來沒有苦澀的味道。烏龍喜出望外，便開始細心研究、反覆試驗，透過萎凋、搖青、半發酵、烘焙等工序，終於製成了成品茶的一個新品種——烏龍茶。一九三七年莊燦彰在《安溪茶業調查》中也記載說，軟枝烏龍由安溪人蘇龍移植栽培，此後，人們便以蘇龍的諧音命名了這個茶葉品種。

延伸知識 古人是從什麼時候開始飲茶的？

關於飲茶的具體時間從何時開始，眾說紛紜。最常聽見的說法是唐代陸羽在《茶經》中的觀點：「茶之為飲，發乎神農氏。」這是陸羽根據《神農食經》：「茶茗久服，令人有力悅志」的記載而得出的結論。傳說神農氏在野外用釜煮水時，剛好有幾片葉子飄入水中，使得水色微黃，入口生津止渴、提神醒腦，從此人們就開始飲用這種植物了。

當然，古人習慣將與農業、植物、藥物相關的事情附會在神農氏身上，這個說法不一定可靠，但中國人的飲茶習慣有著悠久的歷史卻是毋庸置疑的。現存最早的飲茶資料出現在漢代。在西漢王褒所撰的《僮約》中有「烹荼盡具」、「武陽買荼」等記載，「荼」就是指「茶」，可見當時社會上已有飲茶的習慣，而且是待客的珍貴飲品。另外，湖南長沙的西漢馬王堆墓葬中也有記載飲茶的竹簡，證明了西漢時已有了飲茶的習慣。

從西漢到三國時期，除巴蜀之外，茶通常是供上層社會享用的珍稀之品，飲茶限於王公朝士，民間很少飲茶。茶作為四川特產，進貢朝廷，先傳到長安，後逐漸傳播到周圍。同時，茶也從四川沿水路傳播到長江中下游地區。《三國志・吳書・韋曜傳》有「密賜茶荈以代酒」的記載，說明吳國宮廷也已開始飲茶。

到了唐代，隨著經濟和社會的發展，飲茶之風擴散至民間，茶已經成為家常飲料。《舊唐書・李玉傳》中提到：「茶為食物，無異米鹽，於人所資，遠近同俗，既怯竭乏，難舍斯須，田閭之間，嗜好尤甚。」可見飲茶在普通人的生活中也佔據了一席之地。另外，唐代陸羽撰寫的《茶經》三卷也流傳至今，書中將唐代以前的茶葉分布、種植、加工等經驗全面記錄下來，並描寫了很多名茶，是世界上最早的茶葉專著。

宋代的飲茶之風更盛。宋徽宗趙佶《大觀茶論》序中說：「縉紳之士，韋布之流，沐浴膏澤，薰陶德化，盛以雅尚相推，從事茗飲。顧近歲以來，采擇之精，製作之工，品第之勝，烹點之妙，莫不盛早其極。」飲茶之風可見一斑。宋吳自牧《夢梁錄》中更是將茶提升到了「開門七件事」的高度：「蓋人家每日不可闕者，柴米油鹽醬醋茶。」自此，飲茶成為中國人日常生活中不可缺少的一部分。

30

當一個人被別人輕視或厭惡時，我們會說他遭到別人的「白眼」。那麼「白眼」是不是一開始就和輕視有關呢？

現代人視眼睛為靈魂之窗，古人也很早就懂得了眼能傳神的道理。「白眼」一詞最初見於《易經・說卦》：「巽為木，為風……其於人也，為寡髮，為廣顙（額頭），為多白眼，為近利市三倍。」這裡說的是巽卦對應於人的面相特徵，他們的特點是頭髮少，前額光，眼睛裡眼白占的部分多，特別善於牟利。所以在《易經》裡，「白眼」多的人一般指精明、好動和善變的人，並沒有輕視和瞧不起的意思。

到了魏晉時期，「白眼」被一位狂人賦予了新的涵意。這位狂人叫阮籍，是著名的「竹林七賢」之一。他有使「青白眼」的本事，對於自己欣賞或喜歡的人，他用青眼相看，即眼珠在眼眶中間，兩眼平視看人；對於他不歡迎的人，則翻「白眼」伺候，即眼睛上視，露出眼白看人，以示輕視或嫌惡之情。據《晉書・阮籍傳》記載，阮籍母親去世的時候，嵇喜（嵇康的哥哥）很正式的前去弔喪，他以「白眼」相對，讓嵇喜十分難堪，非常不高興地離開了。隨後嵇康帶著酒和琴前往，他十分高興，就用「青眼」表示歡迎。

後來，人們也用「白眼」表示一個人性情孤傲，對俗人俗世的蔑視和憎恨。如唐代杜甫《飲中八仙歌》詩中的：「舉觴白眼望青天，皎如玉樹臨風前。」王維《與盧員外象過崔處士興宗林亭》的：「科頭箕踞長松下，白眼看他世上人。」詩中的「白眼」就象徵瀟灑和狂傲的態度。

到了現代社會，「白眼」曾經有的精明善變、清高孤傲、憤世嫉俗等意思漸漸失去了，而普遍用來表示不理睬、輕視或厭惡的情緒。

延伸知識　青眼

白眼與青眼是嵇康「製造」出來的典故。與白眼的孤傲蔑視相對，青眼則表示喜愛和讚賞之情。如宋黃庭堅《登快閣》詩云：「朱弦已為佳人絕，青眼聊因美酒橫。」元代迺賢的《南城詠古‧黃金台》：「滄海誰青眼，空山盡白頭。」用的就是這個意思。另外，由喜愛和讚賞的意思而來，青眼還可以借指知心朋友。如唐權德輿《送盧評事婺州省覲》詩：「客愁青眼別，家喜玉人歸。」宋司馬光《同張聖民過楊之美明日投此為謝》詩：「呼兒取次具杯盤，青眼相逢喜無極。」就用青眼指好友。

有時候「青白眼」也作為一個詞，用來表示明辨是非、愛恨分明的情感。如宋代章甫的

《用前韻贈高持一》：「逢人未用青白眼，與世不妨牛馬風。」意思是做人不必太孤傲，不妨糊塗些。元代王冕的《苦寒作》云：「君不見江南古客頗癡懶，養得一雙青白眼。」也是上述意思。後世也有模仿阮籍的人，以青白眼來表示對人尊敬或者輕視兩種截然不同的態度。如元辛文房《唐才子傳》中的李山甫，雖然累舉進士不第，但「落魄有不羈才，……能為青白眼，生平憎俗子，尚豪俠。」也是一個性情中人。

現代人雖然較少使用「青眼」這個詞語了，但是「青眼」所表示的喜歡、器重之意並沒有變化，而且衍生出「青睞」、「垂青」等詞語，表示對人的喜愛或重視。

31 夫妻為什麼也叫「兩口子」？

夫妻常被人叫作兩口子，帶有些親暱的色彩。不少人認為所謂「兩口子」，就是說夫妻一家是兩張嘴在一起吃飯，這樣理解未免顯得簡單了些。其實，這「兩口子」之說，還有段小故事，而且不止一個版本。

比較流行的版本是，在明朝洪武年間，南方某地書生高文敬，一日外出，在河中救出一名喚作路春花的女子。二人一見鍾情，私定終身。誰知春花被惡少羅大公子搶走納為小妾。後藉丫鬟小玉相助，高、路二人出逃，但卻被羅大公子追上，相互拉扯中羅墜崖身亡。羅家勢力強大，高、路二人被打入死牢候斬。洪武帝朱元璋得知此事，親自審問，終於真相大白。於是朱元璋便免除高、路二人的死刑，將二人分別發配到湖北的桃園口和安徽的金山口。雖遠隔千里，但二人兩情如舊，當地人都很敬重他們，稱他們為「兩口子」。

另外一個版本則是清朝時候的故事。說的是乾降年間，山東有一個叫張繼賢的才子，偶識當地惡少石萬倉的妻子曾素箴。二人一見鍾情，遂私下往來。石萬倉是個嗜酒成性的人，一次因酗酒過度而一命嗚呼。石家人懷疑他是被曾素箴害死的，就告到縣衙，說曾素箴因姦殺死親夫。縣官便將張繼賢和曾素箴兩人判為死罪。乾隆皇帝在閱案時，無意中看到張繼賢的供狀文筆不凡，十分驚訝，有心救他。因此，乾隆御批將張繼賢和曾素箴分別發配到微山湖的臥虎口和黑風口。免於一死，況且發配的兩地相距不遠，可以互相往來，張、曾二人喜出望外。此後，他們經常來往於「兩口」之間，漸漸地就被人們稱為「兩口子」。

後來，人們就用「兩口子」來泛指夫妻倆了。

延伸知識 為什麼夫妻重新團聚或和好稱為「破鏡重圓」？

夫妻離散或決裂之後的團聚或和好常被稱為「破鏡重圓」。其實，這破鏡之後是有一個真實感人的故事。唐人孟棨在《本事詩・情感》中最早記載了這個典故。

時光還得退回到南北朝末期。當時北周的宇文政權已經被隋朝的楊氏所取代，在隋文帝楊堅的經營下，隋朝的實力日益強大。而南方的陳國政權卻在驕奢淫逸的陳後主陳叔寶的統治之下，岌岌可危。在國破家亡的憂慮之中，陳國太子舍人徐德言與他的妻子樂昌公主將一面銅鏡破為兩半，並相約：如果夫妻二人於國破之後失散，就在正月的望日（農曆的十五日）在京城的集市上叫賣半面破鏡，以期重逢。

隋開皇九年（五八九年），隋朝以五十萬大軍從東西兩線發起強大攻勢，滅掉了陳政權，俘獲了陳後主及其嬪妃和貴族大臣，他的妹妹樂昌公主也在其中，並被賞賜給破陳有功的越國公楊素。樂昌公主出身皇族，不僅貌美，而且多才多藝，深得楊素愛慕，楊素還特別為樂昌公主營造了宅院。然而樂昌公主卻鬱鬱寡歡，心事重重。

樂昌公主日夜掛念的夫君徐德言在戰亂中倖免於難，他雖然保住了性命，但也是國破家亡，孑然一身。正月十五那天，他抱著最後的希望，來到京城的集市上，果然遇到了一個賣半片銅鏡的僕人。他掏出自己一直帶在身邊的銅鏡，兩片銅鏡果然可以合而為一。破鏡雖可重圓，可是近在咫尺的夫妻二人別說團聚，恐怕此生此世都不能再見一面了。徐德言只得題詩一首：「鏡與人俱去，鏡歸人不歸。無復嫦娥影，空留明月輝。」請僕人代為傳遞。樂昌公主得詩後，悲傷欲絕，終日水米不進，以淚洗面。楊素得知此事後，便將徐德言找來，使他們夫妻團聚，偕歸江南終老。

就這樣，徐德言的一往情深、公主的用情不移、楊素的成人之美給我們留下了這個曲折而美好的故事，與「夫妻本是同林鳥，大難臨頭各自飛」形成了鮮明的對比。

32 「男女授受不親」是古代社會禮儀的一部分，「授受不親」到底都包括哪些要求呢？

「男女授受不親」是古裝劇中經常出現的台詞。這話的起源很早，《孟子・離婁上》中就說：「男女授受不親，禮也。」「授受」就是給予和接受的意思。「授受不親」的通俗說法，就是男女之間不能親手遞送東西，最好是「其相授，則女受以篚，其無篚，則皆坐奠之而後取之。」就是說遞送東西應用盛物的竹器「篚」端送，即使沒有篚也得把東西放在地上，相互作揖後才能取。

那麼，男女之間什麼樣的行為才算符合「禮」的要求呢？《禮記・曲禮》中是這樣規定的：「男女不雜坐，不同椸枷，不同巾櫛，不親授。嫂叔不通問，諸母不漱裳。外言不入於梱，內言不出於梱。女子許嫁纓，非有大故不入其門。姑姊妹女子，子已嫁而反，兄弟弗與同席而坐，弗與同器而食。」這規定很嚴格，即男女之間不能雜坐，不能用同一個衣架、毛巾、篦梳。叔嫂之間不能隨便講話，庶母不能幫忙洗衣，男女內外有別，連談話的內容都要被梱（門檻）分開。甚至出嫁後返家探親的姐妹與兄弟之間也不能同席而食。

其實男女之間的行為規範在華夏民族的早期並不嚴格。在西周時的中原地區，尚有遠古社會遺留的開放風俗，男女可在仲春之月自由相會，盡情歡娛。到了戰國時期，儒家經典規定了貴族家禮，強調男女隔離與疏遠，嚴防非夫婦關係的兩性有過多的接觸。隨著儒家思想成為主流，女性逐漸淪為男性的附庸，受到禮教的諸多束縛，這種情況到了宋代以後尤為嚴重。

延伸知識｜男女授受不親究竟嚴格到什麼程度？

春秋之前，華夏民族形成了宗法社會，男子從屬於家族，女子從屬於男子。貴族階級實行多妻的妾媵制，嫡庶區分嚴明，女子行為也受到了一定限制。但當時的男女大防並不嚴厲，桑間濮上的男女嬉戲也是頗為正常的事情。後來，隨著禮教觀念的興起，男女禮儀的規範逐步嚴格起來。如「七年，男女不同席，不共食」（《禮記・內則》），意思就是孩子們到了七歲以後，男孩、女孩就不能一起睡覺，也不能一起吃飯。但孟子也說過「男女授受不親，禮也；嫂溺援之以手，權也。」（《孟子・離婁上》）可見，雖然男女授受不親是禮儀規範，但嫂子落水快要淹死時，則應該救她，否則「是豺狼也」。看來孟子認為人命要比死板的禮儀重要得多，關鍵時刻是要變通的。

但是隨著宋代理學的興盛，貞節觀念愈演愈烈，乃至有「餓死事小，失節事大」之說。這時候的人命顯然不如牌坊值錢了。無數節婦烈女前仆後繼，垂名史冊。《元史》中《節婦馬氏傳》記有這樣一個故事：馬氏乳房生瘍，別人勸她求醫診治，否則有生命危險。馬氏卻說：「吾楊氏寡婦也，寧死，此疾不可男子見。」結果因不及時求醫而亡。明清之時，有女子因無意間「授受相親」，而剜目斷臂的。曾有書載：一個五歲的幼女，因吃了男僮遞給她的食物而被認為有傷「男女授受不親」之古訓，終被迫絕食自盡。《明史・成氏列傳》記載，婦人成氏，因為躲避水難而逃到屋頂上，看見有家人不及穿衣者，拒不與赤裸者同處，遂下樓返室，終被淹死。《莊氏列傳》說的則是明朝崇禎末年的戰亂期間，婦女莊氏避難到了一個山洞，因其內有男子，無地自容，嘆道：「無禮不如死。」遂自殺身亡。古代婦女受到禮教的壓迫程度由此可見一斑。

33
宦官與宮女結為「對食」是什麼意思？

「對食」是古代宮廷裡一個特殊的名詞，也是宦官制度下的畸形產物。皇宮內的對食最初是指宮女之間相戀，大概就是從「共同進餐」的意思引申而來。《漢書・外戚傳下・孝成趙皇后》中就提到：「房與宮對食。」這裡的房指道房，宮指曹宮，是兩個宮女的名字。顏師古引用前人的注語說：宮女自相與為夫婦稱為對食，甚至還有相互嫉妒的。可見，漢代的宮廷之中就已存在對食這種現象。

後來，對食的範圍慢慢擴大了，發展為宦官與宮女這樣的異性伴侶。隋唐五代時期的《宮詞》云：「莫怪宮人誇對食，尚衣多半狀元郎。」反映出此時宮中就有男女對食的現象。一般來說，這種對食尚未有共寢之意，僅僅只是形式上的夫婦，主要是為了相互扶持。到了明代，宦官與宮女因相互撫慰而結為對食的情形已相當普遍，當時的文人筆記裡記錄了大量有關對食的文獻資料。

皇宮裡的人們對於對食司空見慣，習以為常。如果一個宮女入宮很久卻沒有找到對食，反而會遭人取笑為「棄物」。因此當時的皇宮裡有很多熱心的人，樂於為宮女和宦官之間牽線搭橋。因為，在等級森嚴的皇宮裡，低級宦官無力娶妻納妾，而宮女又很少有機會被皇上臨幸，他們只好選擇結為對食，互相扶持，成為彼此精神的慰藉與支持。對於對食現象，很多人表示理解和贊同，甚至有些影視戲劇中描寫的皇帝，還把宮女賜予太監作對食。隨著宦官制度的廢黜，它已經消失在歷史長河之中。

延伸知識　「菜戶」又是什麼？

明代宦官與宮女之間的伴侶關係，除了對食之外，還有「菜戶」的名稱。例如明代沈德符的《萬曆野獲編・對食》就記載：「按宮女配合，起於漢之對食，猶之今菜戶也。」

根據相關研究，菜戶與對食雖然同樣指宦官和宮女結為夫婦，但仍然有些微差別。對食大多只是臨時性，很可能朝聚暮散，另外它可以是在同性之間，也可以是異性之間的行為；而被稱為菜戶的宮女與宦官，則具有相當的穩定性，就像正常夫妻一樣生活。也就是說，菜戶不但是精神需要的結果，而且還帶有處理日常家務的目的。

在正統觀念看來，菜戶現象有悖倫理，違反封建社會中的夫婦禮儀，因此明太祖朱元璋曾嚴令取締宦官與宮女之間的這種特殊行為，他甚至下令對娶妻成家的宦官要處以剝皮之酷刑。但是由於宦官、宮女在寂寞的宮廷中生活實在令人無法容忍，人自然具有的情感時時縈繞他們的心頭。所以明代中後期宦官把持大權之後，這一禁令便失去了效用。

宦官與宮女之間的情感，也像正常人一樣充滿浪漫色彩。宦官對於所愛的宮女任勞任怨，聽憑驅使；宮女也會疼愛宦官，想辦法不讓所愛的宦官做粗重工作。甚至宮中有些相貌醜陋或年歲較大的宦官自知不會被宮女看上，便甘心做菜戶們的僕役，代替他們工作以獲得報酬。

結為菜戶的宦官和宮女，也會在花前月下相互盟誓，約定終生彼此相愛，不能移情別戀。一旦情感有變，他們也會一樣鬱憤難抑，為情傷神。據記載，明代萬曆年間鄭貴妃宮中的宮女吳氏，曾和宦官宋保相愛，後來又移情於宦官張進朝。宋保萬念俱灰，出宮削髮為僧。宮中的宦官們都對宋保十分敬佩，而對吳氏極為不齒。

此外，宮女和宦官結為「菜戶」後，如果其中一方先於對方死去，另一方則會終身不再選配。《萬曆野獲篇》中就曾記載：明代有位書生寓居於城外寺廟中，偶然在寺中一間常年上鎖的屋子裡發現許多宮女的靈位。原來這些牌位都是與宮女結為「菜戶」的宦官所立，每逢宮女忌日，他們便會前來祭拜，藉以抒發自己的悼念與深情。

34

為什麼初次結婚的夫妻被稱為「結髮夫妻」？

將初次結婚的夫妻稱為「結髮夫妻」是源於古人成婚時的禮節。「結髮」原是古人的成人禮的一部分，就是束髮的意思。古時男子二十歲時要行冠禮，把孩童時垂落的頭髮盤成髮髻——謂之「結髮」，再戴上帽子，以示成年。女子則在十五歲時舉行笄禮，把頭髮盤起來再用「笄」簪好，謂之「及笄之年」。冠禮和笄禮，是古人心目中非常鄭重的大事，舉行了成人禮，不僅代表一個人到了成年，正式為社會所接納，也代表一個人到了結婚成家的年齡。

漢代時，新婚夫妻成婚時就有「結髮」的儀式。在洞房花燭夜，新郎、新娘按男左女右的位置就床而坐，各自剪下自己的一綹頭髮，再把這兩縷長髮相互綰結纏繞起來，以誓結髮同心、永不分離。這「結」在一起的「髮」，含有牢固、結合、結伴之意，寓意新婚夫婦恩愛纏綿、白頭偕老。漢代蘇武就有詩句說：「結髮為夫婦，恩愛兩不疑。」「結髮」於是有了成婚的意思，人們也因此稱首次結婚的男女為「結髮夫妻」。

古人是非常重視結髮妻子的。在漢代時，葬儀中就有這樣一個風俗：結髮妻子因故早逝，丈夫就會把他們結婚時用的梳子分為兩半，一半帶在身邊，另一半隨葬入棺，以表示不忘結髮之妻。「結髮」後來固定指元配夫人，即使元配夫人去世，續娶的妻子或扶正的妾室也不能叫作結髮之妻，一般稱為「續弦」。

延伸知識　男子再婚為何稱「續弦」？為什麼常用琴瑟比喻夫婦？

古代常以琴瑟比喻夫婦，夫妻婚配叫「琴瑟和絃」，還用「琴瑟和諧」或「琴瑟相調」來比喻夫婦情篤和好、融洽諧樂。弦在琴上，如果弦斷了，就彈奏不出美妙的曲子，所以男子喪妻稱為「斷弦」，再婚自然就叫「續弦」了。

那為什麼常用琴瑟比喻夫婦呢？這大概與《詩經》中「窈窕淑女，琴瑟友之」的詩句有關。之所以用琴瑟來喻指夫妻和諧，是因為琴與瑟兩種樂器被古人視為雅樂正聲的代表，常在古代禮儀中合奏。

琴和瑟出現得很早，是很有中國特色的樂器。古琴相傳是由神農氏所創制，琴身為狹長形，有木質音箱。琴的面板外側有十三個圓點稱為「徽」，底板上穿有「龍池」、「鳳沼」二孔，供出音之用。琴在上古時期為五弦，至周時增為七弦，此後，琴的形制沒有大的變化，在士大夫階層中廣為流行，是文人雅樂的代表。瑟則是一種撥弦樂器，在春秋時就已流行，常與古琴或笙合奏。瑟形似古琴，為長方形，也是木質，但沒有「徽」。瑟通常有五十弦、二十五弦、十六弦、十五弦幾種，每弦配有一柱。上下移動，可以調節弦長以確定音高。正如李商隱詩中寫到的：「錦瑟無端五十弦，一弦一柱思華年。」古時的鄉飲酒禮、鄉射禮、燕禮、大射儀等禮儀中都常用瑟來伴奏。但隨著樂器的發展，瑟有了更強的娛樂性。在魏晉南北朝時期，常伴奏相和歌；隋唐之際又用來伴奏清商樂。

由於「琴瑟和鳴」是君子嚮往的和諧境界，因此後世常用琴瑟比喻夫妻間感情融洽、夫唱婦隨，也比喻朋友之間情誼深厚。

35

為什麼將城樓上的牆垛稱為女牆？

俗話說「不到長城非好漢」，可是等到真正攀上了長城，卻又難免產生不少的疑惑，例如為什麼把城樓上的牆垛稱為女牆，這個問題就使不少登上長城的好漢陷入悶葫蘆裡。

女牆也稱女兒牆，就是指城牆上呈凹凸形的小牆。漢代劉熙所著的《釋名・釋宮室》中有一段話有助於我們瞭解女牆的來歷：「城上垣，曰睥睨，……亦曰女牆，言其卑小比之於城，若女子之於丈夫也。」意思就是說，用女牆稱呼城牆上凹凸的小牆，是因為這些小牆相對於偉岸的城牆本體而言顯得卑微而渺小，正如古代的女子相對於男子而言，則身分卑微、地位低下。

當然，關於女牆的來歷也另有說法。《古今注》云：「女牆者，城上小牆。一名睥睨，言於城上窺人也。」這則是說在城牆上所築起的牆垛是為了窺視敵情，而女子常常顯露出「睥睨」的神態，所以將用於窺視的牆垛稱為女牆。女牆後來也泛指矮牆，在很多古建築中均能尋覓到它的蹤影。

城牆頂部連續凹凸的齒形女牆，不但其名稱含蓄而傳神、形狀錯落而有致，更具有實用的功能。每當敵軍來犯時，它就扮演著掩護守城士兵的角色。同時垛口上部又有瞭望孔，可以用來瞭望敵情，還可以由此射箭阻擊敵軍。

延伸知識—古典詩句中的浪漫符號——牆

《西廂記》中「隔牆花影動，疑是玉人來」的詩句令人回味無窮，浮想聯翩。古代文學作品中，有關「牆」的詩作還真是不少：「將仲子兮，無逾我牆」、「淮水東邊舊時月，夜深還過女牆來」、「牆裡秋千牆外道，牆外行人牆內佳人笑」、「滿園春色關不住，一枝紅杏出牆來」。在這些詩句中的「牆」往往是男女情愛的一種詩化襯托。仔細品味這些詩作，能從中體會到「牆」這種看似呆板的建築形式的背後，其實隱藏著豐富的意韻，一牆之隔的朦朧，往往包含著無限的春意和青年男女對愛情的美好嚮往。

清代文學家李漁在《閒情偶寄．居室部》中所寫的一段話，解釋了牆為何會暗喻男女愛情的最後一道防線：「予以私意釋之，此名以內之及肩小牆，皆可以此名之。蓋女者，婦人未嫁之稱，不過言其纖小，若定指城上小牆，則登城禦敵，豈婦人女子之事哉？至於牆上嵌花或露孔，使內外得以相視，如近時園圃所築者，益可名為女牆，蓋仿睥睨之制而成者也。」李漁的話意思就是說，牆本來是用來防止戶內的婦人、少女與外界接觸的。古時女子大多久鎖深閨，不能出三門四戶。但這小牆又高不過肩，而且常常有嵌花或鏤孔，牆裡牆外的人又可以相互窺見。往往在牆內女子的一瞥之間，一段一見鍾情的故事就開始了。可以說牆這種建築形式既成全了古代女子對愛情的需要，又避免了女子被人恥笑的尷尬。所以在很多文學作品中，牆不但沒有阻隔美好的姻緣，反而促成了不少才子佳人的故事。如李漁作品《合影樓》中的男女主人翁，雖一牆相隔卻成就了一生良緣。雜劇《牆頭馬上》中的李千金，也是靠牆頭上的窺探尋找到了自己的如意郎君。

36

戲劇中常有拋繡球選夫婿的情節，這種選夫方法在古代社會真的存在嗎？

電視劇中常有拋繡球選夫婿的鏡頭：一位打扮得花枝招展的閨閣女子顧盼左右，然後將繡球扔向自己中意的男子。這種選夫的方式浪漫而開放，很容易激起自由戀愛的火花，引起青年男女的共鳴。在明清小說、戲劇中，對拋繡球選夫的描寫比比皆是，例如《西遊記》中的唐僧母親（她可是相國家的千金小姐）就是透過拋繡球選中了自己的如意郎君，這些描寫似乎讓人不得不相信這種浪漫方式的存在。

但事實上，這種選夫方式恐怕在古代社會是行不通的。戲劇小說中的拋繡球情節都只是藝術家的文學創作，多出於對自由結合的嚮往，在現實生活中是幾乎不存在的。拋繡球的擇偶方式在傳統社會中會遇到相當大的阻力。古時候的婚姻講究「父母之命，媒妁之言」，同時還要考慮門當戶對、政治聯姻等因素。家長對於子女的婚姻可不能草率決定，更不可能聽之任之。即使偶有自由戀愛者，也常被視作「淫奔」、「野合」，受到主流社會的排擠與否定。

正是對封建婚姻制度的不滿和對美好愛情的嚮往，使很多作家將拋繡球的情節寫進了文學作品。可是認真想想，即使真的可以拋繡球，想透過這種方式找到稱心如意的夫婿也是幾乎不可能的。且不說台下趕來湊熱鬧的人恐怕多是為財或者為色，繡球一拋出，引得台下一大堆男子拼命爭搶，哪能那麼巧恰被自己中意的情郎奪得，恐怕連拋繡球的小姐也不願意拿自己的終身大事冒如此大的風險吧。

延伸知識｜拋繡球擇婿的情節在現實生活中有根據嗎？

拋繡球擇婿的方式雖然在傳統社會生活中並不存在，但這種情節的描寫還是有一定根據的。據說，拋繡球與壯族的民俗有關。早在二千年前繪製的花山壁畫上，就繪有一種用青銅鑄製的古兵器「飛砣」。這種兵器多用於狩獵，可以擊中相距一定距離的獵物。隨著歷史發展，這種原始的兵器漸漸退出歷史舞台，但是人們以飛砣來命名一種彩球。宋代時，拋接彩球的遊戲就已是壯族男女青年表達愛情的方式了。宋代詩人朱輔的《溪蠻叢笑》中記載：「土俗歲極日，野外男女分兩朋，各以五色彩囊、豆粟往來拋接，名『飛砣』。」這種彩球以圓形最為常見，也有橢圓形、菱形等。它大如拳頭，內裝實物，上下兩端分別繫有彩帶和紅墜，扔拋之下彩帶飛舞，耀眼奪目。這種彩球就是以後繡球的雛形。

直至今日，拋繡球的習俗仍在廣西地區廣泛流傳。每當男女青年互相愛慕要表達心意之時，便藉拋繡球來選擇心儀對象。在當地的歌場上，壯族小伙子與姑娘們各分隊伍，對唱山歌，尋找中意對象。有了心儀的對象，姑娘們便將各自用花布精心做成的繡球，拋向自己心愛的小伙子。假若小伙子也願意，就會在繡球上繫上贈物，拋回給自己傾心的姑娘。一來二去，一對情投意合的青年男女便定下了終身。

在今天東南亞的越南、緬甸、泰國和南美洲墨西哥的部分地區，當地的人民也有製作繡球，將繡球作為吉祥物饋贈親朋好友的風俗。墨西哥人的繡球比較小，顏色鮮豔，製作精美。每逢佳節或貴賓來臨，好客的墨西哥人就會給客人或長輩饋贈繡球，代表吉祥如意。泰國的民眾則將繡球視為佛的替身，認為經常佩帶有驅邪、強健身體的功效。

37

「彈指一揮間」究竟是多長時間？

我們形容時光短暫時常用「彈指一揮間」這個比喻。其實這裡的「指」就是手指，「彈指」就是撚彈手指作聲的意思。佛家常用「彈指」來比喻時光的短暫。

「彈指」也是佛教中的一個時間量詞，出自於印度的梵語。《僧祇律》上解釋說：「二十念為一瞬，二十瞬名一彈指，二十彈指名一羅預，二十羅預名一須臾，一日一夜有三十須臾。」照這樣計算，二十四小時是三十須臾，那麼一須臾就是四十八分鐘；四十八分鐘是二十羅預，一羅預就是二．四分鐘；二．四分鐘是二十彈指，一彈指就是七．二秒。我們當然還可以繼續換算，七．二秒是二十瞬，一瞬間是〇．三六秒；二十念為一瞬，一念間就應該是〇．〇一八秒。一念竟然是如此短暫的時間，佛家常說的「一念成佛，一念成魔」就更讓人感慨了。這樣看來，一晝夜就有一．二萬個「彈指」，人們時常說的「幾十年彈指一揮間」，將幾十年比喻為一彈指的時間，真有滄海桑田的感覺。

另外，「彈指」，也就是撚彈手指作聲的動作，原本是印度的一種風俗，用以表示歡喜、讚嘆、警告、許諾、覺悟、招喚、敬禮、祝咒等涵意。如智文句：「彈指者，隨喜也。」《吉藏義疏》則說：「彈指者，表覺悟眾生。」這個手勢後來也被中華文化所吸收，《南史・王敬則傳》就記載：「順帝泣而彈指：唯願後身生生世世不復天王作因緣。」難怪武俠小說裡也有「彈指神功」的武林絕學，現在看來，這門功夫還頗有些禪意。

延伸知識──「一剎那」又是多少時間呢？

那也是梵語的音譯，是古印度最小的計時單位。剎那原本指婦女紡織一尋線所用的時間（尋是古代的長度單位，一般為八尺），後來泛指很短的時間。唐玄奘在《大唐西域記・印度總述》中就提到：「時極短者，謂剎那也，百二十剎那為呾剎那，六十呾剎那為一臘縛，三十臘縛為一牟呼栗多，五牟呼栗多為一時，六時合成一日一夜。」這樣算來，一剎那約合現在的〇・〇一三秒，真是夠短的。難怪很多用到剎那的詩句都讓人感懷。如南朝梁武帝《遊鐘山大愛敬寺》：「生仕無停相，剎那即徂遷。」唐代白居易的《和夢遊春》：「愁恨僧祇長，歡榮剎那促。」以慨嘆人生憂愁綿延無期，而歡樂剎那短促。

這樣算來，「剎那」、「轉念」、「瞬間」、「彈指」等都是與佛教理念有關的時間量詞，均表示非常短暫的時間。那麼佛教中用什麼量詞表示極長的時間呢？這個詞就是「劫」。

古印度傳說認為，世界經過若干萬年就要毀滅一次，再重新開始。這樣一個週期就叫作「劫」，也叫「劫波」。關於劫的長短，各佛經說法不一，但整體來說，一劫都要經歷成、住、壞、空四個時期，叫作「四劫」。到「壞劫」時，將會有水、火、風三災出現，最後世界歸於毀滅。也有說法認為，劫分為大劫、中劫、小劫。一大劫包括八十中劫，一中劫包含兩小劫，而每小劫則為一增（人壽自十歲開始，每百歲增一歲，增至八萬四千歲）或一減（人壽自八萬四千歲開始，每百歲減一歲，減至十歲）的時間。這樣看來，將永遠恢復不了的東西比喻為萬劫不復還真是恰當。

38 古人常把服務生稱作店小二，這個稱呼是怎麼來的？

說起「店小二」，人們可能首先就會想到頭戴白帽、肩披白毛巾的精明小伙子。他們總是跑前跑後，忙得團團轉，常常累得大汗淋漓，卻還得經常挨掌櫃的叫罵：「你腳底下能不能再快一點！」

其實，店小二最初可以指飯館、酒館、客店的老闆或者夥計。元代高文秀的《遇上皇》中就有這樣的話：「自家是店小二，在這東京居住，別無營生，開著個小酒店兒。」可見當時的店小二跟經營小本生意的小老闆意思差不多。元代時，人們常將市井青年男子稱為小二或者小二哥，開小店的或者在店裡從事招待工作的青年男子也就很自然地被稱為店小二了。後來，這個稱呼逐漸專指招待客人的夥計了。這個工作做起來可不容易，辛苦不說還常有吃虧的時候，例如明代《水滸傳》中的一段描寫：「魯達勃然大怒，開五指，便打在店小二臉上，打得他口中吐血。」

也有人認為，店小二與古人以排行順序稱名的習慣有關。古時生活在社會低下階層的人們常常是沒有正式名字的，因此，他們多以在家中的排行順序作為稱呼，例如張三、李四等。在飯館、酒館和客店裡，當家作主的「店老大」當然是老闆，而在員工裡跟客人打交道最多的則是跑堂的夥計了，因此人們就將他們稱為「店小二」了。

延伸知識 人們常稱呼生意人為「老闆」，「老闆」一詞是什麼來歷呢？

說起來，老闆這個詞的歷史還不如店小二長，是近代才有的。古時一般將做生意的人稱為掌櫃的，意即掌管錢櫃、當家主管的人。從近代開始，人們才開始將做生意的人稱為「老闆」，即經辦工商業的主要負責人。

據說「老闆」原是京劇中的一個名詞，京劇名角或者組織戲班的人常被尊稱為老闆，如著名京劇大師梅蘭芳就被叫作梅老闆，蓋叫天喚作蓋老闆等。這些重量級演員的出場費較高，個人所得不菲，有了盈餘便會在外面做買賣（一般都是大買賣），隨著生意擴大，老闆的名稱叫得響了，人們也就開始將做買賣的商人稱為老闆了。

還有人認為，老闆一詞其實是從上海方言而來，原意是指東家，後來才演變出新詞「老闆」。有了「老闆」，「老闆娘」也隨之而出，當然，老闆娘不是指老闆的娘，而是指老闆的妻子，也許在家裡還是老闆的「老闆」。

老闆一詞自產生以來，就可以在多種場合使用。如佃農可將地主稱為老闆，員工可將雇主稱為老闆，舊時還將丈夫俗稱為老闆。如今，老闆又有了新內容，大專院校裡的研究生常將指導教授稱為老闆，很是貼切。隨著時代的發展，老闆也依其職掌內容而再細分為：董事長、總經理、執行長等，顯得更有現代氣息了。

39 「人有三急」指的是哪三急？

俗話說「人有三急」，意思是說碰到某些特殊情況時，誰也沒法子不急。生活中，人們常用它泛指飲食或如廁等刻不容緩的問題。可是說起這三急究竟是指哪三急，還真有點難以說清楚了。

有的說法稱，所謂的「三急」，其實是指上廁所、入洞房和妻子生產這三種特殊情況。以上廁所來說吧，每個人都得吃喝拉撒，就算是貴為天子，僕從無數，也得親自上廁所。明人馮夢龍編撰的《古今笑》裡就有個有趣的故事：宋真宗時的宰相畢士安有個不長進的女婿皇甫泌，畢士安數次想向真宗皇帝說明他女婿驕縱而屢教不改的情況。一次，他才剛開口說了一句「臣婿皇甫泌……」就遇上邊防要事報告，被岔開了。隔了幾天，他又向真宗稟報此事，又碰上真宗皇帝急著要上廁所，就對他說：「卿累言，朕已知之矣。」隔日就降旨給皇甫泌越級升官，畢士安也不好再說什麼了。看來遇上這一急，真是誰也耐不住性子啊！

再說入洞房，那可是春宵一刻值千金，急迫的心情自然在情理之中。妻子生產令人著急也好理解。古時醫療水準低，產子是人生的一大考驗，貴為皇后妃子而死於難產的例子也不在少數。母子在產房裡的情況未知，丈夫待在屋外當然只能乾著急。人們把這三種情況並稱為「三急」，很是貼切。

還有一種說法認為「三急」是指「尿急、屎急、性急」。話雖然粗俗，可也自有道理，排泄問題那是誰都憋不住的，正如有幅廁所的對聯說得好：「天下英雄豪傑到此俯首稱臣；世間貞節烈女進來寬衣解裙。」而性急則純是個性所致了。

延伸知識 人們常說的「人有四喜」是指什麼？

俗話說「人逢喜事精神爽」，尤其是在古典小說、戲曲詩詞中，「喜」常代表著「中和之美」的傳統審美習慣。因此，古人常追求「皆大歡喜」的藝術效果，從而賦予古典作品以大團圓的創作模式。就像明清才子佳人小說中，才子佳人兩情相悅，一見鍾情，其間雖然有人不斷阻撓，必須得經過一番挫折磨難，可是最終才子佳人還是能結成連理，有個圓滿的結局。

「人有四喜」就是傳統文化追求的典型，被當作諺語般反覆出現於明清小說之中。這裡的「四喜」是指：久旱逢甘霖，他鄉遇故知，洞房花燭夜，金榜題名時。古人以天謀食，做夢都期盼風調雨順，要是遇到長久大旱忽然普降甘霖，的確令人欣喜不已；為謀生計，或求功名，遊走異鄉，意外遇到同鄉知己，老鄉見老鄉怎不兩眼淚汪汪；古人重視宗嗣傳承，夫婦結合，洞房花燭，不僅新婚夫婦琴瑟相悅，家人想到「之子于歸，宜其室家」也喜氣洋洋；而傳統文人均以入仕為目標，所謂「學而優則仕」，十年寒窗苦讀，一朝金榜題名，怎不令人欣喜若狂？

可是，這種「皆大歡喜」的結局畢竟不是人生的全部，人是不可能事事順心、萬事如意的，所以與「四喜」相對應的還有「三悲」的說法，即少小喪父、中年喪妻、老年喪子。但是不管怎麼說，「喜」始終是老百姓最平常的期望，是人們對幸福生活的一種嚮往。

40 人們常用「二百五」來稱呼傻氣莽撞的人，這個說法是怎麼來的？

人們習慣將舉止魯莽、常做傻事的人稱為「二百五」，這個說法的確切來源已經很難考證了。有人說這是源於春秋戰國時的故事。當時身為六國宰相的蘇秦在齊國被人暗殺，齊王很生氣，想要為蘇秦報仇。為了引兇手現形，他想出了一條計策，讓人把蘇秦的頭割下來，掛在京城城門上，並在旁邊張貼榜文說：蘇秦裡通外國，是個內奸，殺了他便為齊國立了功，請殺蘇秦的人親自來領賞黃金千兩，加官升職。有四個男子揭下了榜文，聲稱蘇秦是他們殺的。齊王查實之後，假意稱讚他們是勇士，並問「千兩黃金四人各分多少？」四人回答：「一人二百五十兩」。齊王拍案大怒說：「來人，把四個『二百五』推出去斬了！」自此，人們便把這些傻瓜叫作「二百五」。

另有一說，認為「二百五」與古代的賭博方法「推牌九」有關。牌九中有「二板」（四個點）和「么五」（六個點）兩張牌，這兩張牌配在一起就是十個點，在推牌九裡稱為「癟十」。它是牌九裡最小的點，誰都比它大，它什麼牌也「吃」不了，所以人們就用「二板五」（二板和么五的簡稱）來戲稱什麼事也做不好的人。時間久了，「二板五」就叫成了「二百五」，或者簡稱「二五」。

還有人認為，「二百五」與古代貨幣計量單位有關。過去的銀子常以十兩為一錠，五百兩為一封。二百五十兩即為「半封」，與「半瘋」諧音，因而用「二百五」（半瘋）來代稱愚蠢、莽撞之人。

延伸知識　推牌九

推牌九是骨牌的一種玩法，主要是依據骨牌點數的不同組合來比牌的大小，並以此決出勝負，通常用於賭博，據說起源於宋代。推牌九使用的骨牌也稱牙牌，用骨頭、象牙、竹子或烏木製成，每副三十二張，上面刻著以不同方式排列的從兩個到十二個點子，換句話說，骨牌牌面上的點數是由兩個骰子的點數拼成的。在骨牌中，有十一種牌面是成對的，共二十二張稱為「文牌」，剩下十張牌是單張的，稱為「武牌」。

文牌是指：兩個六點，稱為天牌；兩個一點，稱為地牌；兩個四點，稱為人牌；一點和三點，稱為和牌或者鵝牌；兩個五點，稱為梅花或者梅牌；兩個三點，稱為長牌或者長三；兩個二點，稱為板凳；六點和五點，稱為虎頭或者斧頭；六點和四點，稱為四六或者紅頭十；六點和一點，稱為么六或者高腳七；五點和一點，稱為么五又名大頭六。

武牌是指：五點和四點稱為紅九；三點和六點稱為黑九，這兩張牌湊在一起叫雜九對；五點和三點稱為黑八，六點和二點稱為平八，合稱雜八對；五點和二點稱為黑七，三點和四點稱為紅七，合稱雜七對；四點和一點稱為紅五，二點和三點稱為黑五，合稱雜五對；最後兩張牌的名堂就多了，二點和四點稱為二四，又稱大雜六，一點和二點稱為么雞、丁三、丁雞等，又稱小雜，兩者合稱大小雜，同時還有個響噹噹的名字叫「至尊寶」。

推牌九的玩法一般是輪流做莊，莊家砌好牌後，用骰子擲出點數，然後按順序將牌分配到每個參與者手中，參與者用手中的牌來跟莊家比大小。如比莊家牌大，莊家就要賠注，如比莊家牌小的話，莊家就吃注。牌九裡最大的牌是至尊寶，之後依次是天牌、地牌、人牌、和牌、梅花、長三、長二、虎頭等對子，餘下來的是不能組成對的雜牌，雜牌中也有大小。推牌九的遊戲到明清時期也一直很流行。《紅樓夢》中有一回〈史太君兩宴大觀園，金鴛鴦三宣牙牌令〉中就講述了貴族家宴中用骨牌遊戲的場面。

41 俗話說「無事不登三寶殿」，「三寶殿」是什麼地方呢？

俗語常說「無事不登三寶殿」，比喻沒有事不會登門造訪，只要登門，必是有事相求。這裡的三寶殿，與佛教的三寶概念有關。佛教將佛、法、僧三者稱為三寶，它們具有互相聯繫的神聖關係。佛是指大知大覺之人，佛能夠普渡眾生、教化信眾；法是指佛教所說的各種教義，泛指佛教三藏十二部經等經典著作；僧是指繼承和宣揚佛教教義之人，即出家的僧侶。

三寶所處之殿就稱作三寶殿，包括佛教信徒登場做法事的地點——大雄寶殿；佛家珍藏經書、經典之所——藏經樓；還有僧人休息修行的地方——禪房。這三處地方，屬於清靜高潔的佛教重地，外人不可以隨意亂闖。信眾前往大雄寶殿拜佛時通常應在規定的日期，或者得到寺院僧人的允許；藏經樓則很少對外開放；而僧侶的禪房恐怕也只有相關人等才能進入。

後世也常用「三寶殿」來泛指佛殿。信眾拜佛祈福、燒香還願通常都是心有所想的，有祈願身體健康的，有希望金榜題名的，有盼望早生貴子的，有期望升官發財的……。可以說，登「三寶殿」的人基本上都是有求於佛的，所以「三寶殿」也用來比喻有所求之地。怪不得要說「無事不登三寶殿」啊。

延伸知識 出入佛殿應該注意哪些禮節？

佛殿是佛教徒心目中的聖地，是很莊嚴肅穆的地方，因此有相應的禮節。無論信佛與否，民眾進入寺廟後，都應尊重佛教徒的信仰，使自己的行為舉止符合寺廟的禮儀規範。

遊覽寺廟時，最好不要追逐嬉鬧，如果有帶小孩，應交代其不要尖叫。盡量不要拍照，以避免損害文物。在寺院的庭院內燃香，應放於香爐裡，不要隨意丟棄，以保持環境衛生。如允許出入寺廟的大殿時，則應注意以下幾個方面：著裝應整潔，避免穿著短褲、背心以及太過耀眼的服裝；不從正殿的大門進出，而從兩側的小門出入，態度要肅穆、恭敬；進入正殿後，不要東張西望，大聲喧嘩等。如有拜佛的需要，則應在兩側的蒲團上跪拜，最好不要佔據中間的蒲團，因為中間位置通常是寺廟住持專用的。拜佛時通常應遵守一些禮儀細節，如拜佛時不要戴帽等。拜佛的一般程序是：首先兩手合掌當胸，兩膝跪於蒲團上；接著雙掌移至蒲團兩側，頭扣蒲團之上；然後兩手掌向裡面翻轉，以手心向上，頭離蒲團；最後合掌起身。禮佛通常以三拜為基礎，多則以三的倍數遞加，如六拜、九拜、十二拜等。拜完之後，則兩手合掌當胸，作揖結束，之後依規退出大殿。

此外，如果想參觀僧侶禪房等通常不對外開放的地方，則需由出家師父帶領，同時遵守禮儀。

42

據說古代皇帝有三宮六院的妃子，這是指哪三宮、哪六院呢？

人們形容皇帝嬪妃數量之多時常說「三宮六院七十二嬪妃」。這裡的「三宮」、「六院」究竟是指哪三宮、哪六院呢？

三宮六院的說法是在明清時期形成的，看看紫禁城的格局就一目瞭然了。在紫禁城的內庭，有乾清宮、坤寧宮、交泰殿，合稱三宮。在三宮的東西兩側，各有供嬪妃所居的六院。分別是東六宮：景仁宮、承乾宮、鐘粹宮、延禧宮、永和宮、景陽宮；西六宮：永壽宮、翊坤宮、儲秀宮、啟祥宮、長春宮、咸福宮。它們就是民間俗稱的「三宮六院」。在三宮六院以北還有一個小巧別致的御花園，以供皇室人員遊玩。

三宮的命名表現了陰陽乾坤之說。乾清宮、坤寧宮的名稱分別取自天地之意，乾表示天，坤表示地。考慮到天地陰陽結合才能滋生萬物，因此在兩宮之間興建交泰殿，取天地和祥，萬物通泰之意。

乾清宮是皇帝的寢宮，明代的十四位皇帝和清代的順治、康熙兩帝都在這裡居住。乾清宮有東西暖閣，共有九間寢室，分別設床三張，共二十七張。皇帝每晚任意選擇一張就寢，毫無規律。為的是保障安全，以防不測。同時，乾清宮還是皇帝處理政務、舉行內廷典禮和家宴的地方。乾清宮裡還有順治帝親筆書寫的「正大光明」匾，自雍正帝開始，匾後設置「建儲匣」，預定繼承人。此外，清代乾清宮還是皇帝駕崩之後的停靈之所。如死在養心殿的順治帝、死在暢春園的康熙帝、死在圓明園的雍正帝、死在避暑山莊的咸豐帝等，其靈柩最終都回到乾清宮停放，再做安葬。

交泰殿位於乾清宮和坤寧宮之間。內有寶座，上懸康熙帝手書「無為」匾，後有乾隆帝所書「交泰殿銘」屏風。東次間有銅壺滴漏計時，自乾隆朝始，在西次間設有大自鳴鐘計時，宮中時間以此為準。交泰殿是皇后於冬至、元旦和千秋（生日）時，接受賀禮的地方，皇后的寶冊平時也都安放在這裡。還有一些小的儀式在這裡舉行。

坤寧宮在明代時為皇后居所，清代順治帝將其改造為宮中薩滿教祭祀的場所。雖然坤寧宮不再作為皇后寢宮，但其東端兩間仍然是皇帝大婚時的指定洞房，年幼登基的康熙、同治和光緒都在這裡完婚。新婚的皇帝至少要在這裡住兩天才能移居別處。

東西六宮多為嬪妃所居，個別院落於不同時代為皇帝、皇太后、皇后和太子的居所。三宮六院大致上的情況如此，至於七十二后妃之說就是泛稱了。皇帝後宮的人數遠比七十二多，而且等級森嚴。

延伸知識—清代宮廷的后妃等級

清代后妃分為八級：皇后、皇貴妃、貴妃、妃、嬪、貴人、常在、答應。數量上也有基本規定：皇后一人、皇貴妃二人、貴妃二人、妃四人、嬪六人，以下的貴人、常在、答應就不計其數了。這些還只是有名分的部分，更多的還是普通宮女。當然，皇帝並不完全受這些數目上的限制，在後宮建制上有很大的自主權。例如清代在位時間最長的皇帝康熙，他一生中冊封的後宮有五十五名：皇后四名，皇貴妃三名，貴妃一名，妃十一名，嬪八名，貴人十名，常在八名，答應十名。這當然也與他的壽命比很多后妃長有關。

受了冊封的後宮女性，按照等級享受相應的待遇。在月銀、服飾、住房、日用品、伙食標準、傭人數額、儀仗規模等方面，都各有區別。皇太后每年的津貼為二十兩黃金，二百兩白銀。皇貴妃每年八百兩白銀，八名女傭；貴妃六百兩白銀，八名女傭；妃三百兩白銀，六名女傭；嬪二百兩白銀，六名女傭；貴人一百兩白銀，四名女傭；常在五十兩白銀，二名女傭；答應三十兩白銀，二名女傭。最氣派的還是皇帝的正妻皇后。皇后有十二名女傭，一年的生活津貼為一千兩白銀。她的日常用品也是按規制特別供應的，服飾、餐具、燈具、傢俱應有盡有，在後宮為最。除此之外，后妃們逢年過節也會得到皇帝的賞賜，偶爾也收大臣的賄賂，這算是額外收入了。

由此可見，想在後宮眾多佳麗中脫穎而出確實是一件很不容易的事情。「白頭宮女在，閒坐說玄宗」是更多普通宮女的真實寫照。

43

「四體不勤」用來形容懶惰的人，「五體投地」用來形容對人的敬佩，這裡的「四體」和「五體」有什麼不一樣呢？

「四體不勤」這個典故出自《論語．微子》：「子路從而後，遇丈人，以杖荷蓧。子路問曰：子見夫子乎？丈人曰：四體不勤，五穀不分，孰為夫子？植其杖而芸。」大意是說，子路跟隨孔子出行，落在後面。他碰到一位老人，正用拐杖挑著除草的農具。子路問道：「您見過我的老師嗎？」老人說：「那些四肢不勤勞，五穀分不清的人，誰是老師呢？」之後就把拐杖插在地上除起草來。這裡的「四體」指的就是人的四肢，四體不勤就是說一個人不參加勞動，這話有點諷刺孔子的意思。後世用四體不勤來比喻人很懶惰。

那「五體投地」中的「五體」又是指什麼呢？原來，「五體投地」是古印度一種表示虔誠的行禮方式，後被佛教所沿用。「五體」又稱「五輪」，指兩膝、兩手掌和頭頂。「五體投地」就是「五輪至地而作禮」的意思。其過程是：正立合十，屈膝屈肘至地，翻掌，頂禮。佛教認為，行禮時，「五處皆須至地，虔誠作禮」。因「常以此五處至地禮敬三寶，當將來成佛之時，五處皆有千輻輪相顯現」。五體投地致敬的對象通常是佛和菩薩，以表示皈依的虔誠。很多佛教信徒在前往寺廟禮佛時，都行五體投地的大禮。現在，五體投地也用來比喻佩服到極點。

延伸知識｜古人還有六體、七體、八體、九體、十體的說法，它們各是什麼意思？

除了四體、五體，古人還有六體、七體、八體、九體、十體的說法，所指各不相同。六體主要是指六種字體，在《漢書・藝文志》中指古文、奇字、篆書、隸書、繆篆、蟲書，都是當時或更早時期的字體。到唐代以後，六體的意思有所改變，指大篆、小篆、八分、隸書、行書、草書等六種字體（唐張懷瓘《六體論》）。

七體與人體有關，意思跟七竅差不多，指人的眼、耳、口、鼻上的七孔。《國語・鄭語》中就說：「和六律以聰耳，正七體以役心。」而八體則指八種書體。許慎在《說文解字・序》中說，秦始皇統一六國之後，廢除了不符合秦文的六國文字，定下了八種書體：大篆、小篆、刻符、蟲書、摹印、署書、殳書、隸書，合稱為「八體」。其中大篆、小篆、蟲書、隸書是四種字體，刻符、摹印、署書、殳書則是書的不同用途。楷書出現之後，八體轉而指古文、大篆、小篆、隸書、飛白、八分、行書、草書。這個說法被普遍認可，因此後世以八體借指書法。

九體是祭祀時牲畜分解的九個部分。《儀禮・特牲饋食禮》中提到的九體是：右肩、臂、臑、肫、胳、正脊二骨、橫脊、長脅二骨、短脅。而十體是指書法的十種體式。唐代張懷瓘《書斷・列傳》中指：古文、大篆、籀文、小篆、八分、隸書、章草、行書、飛白、草書。唐代唐元度則認為十體是古文、大篆、小篆、八分、飛白、薤葉、垂針、垂露、鳥書、連珠。此外，文體與詩體中也有十體的說法。

44 現在有些人認為「四」是不吉利的數字，古人也有什麼數字禁忌嗎？

現代人對於數字有不少的禁忌，如很多人就不太喜歡「四」，選電話號碼、車牌號碼，甚至辦喜事選日子都要避開「四」。究其原因，是由於「四」與「死」的發音較為接近，很容易使人聯想到死亡。也正是因為這個原因，不少東方國家的人都把「四」視為預示厄運的數字。據說，在韓國，很多旅館沒有標出四層樓，門牌沒有四號，甚至連軍隊中也沒有第四軍、第四師、第四團……。的確，誰願意被編在第四部隊上戰場送死呢？日本人則非常忌諱四和九，他們不喜歡由四組成的數字，特別是十四、四十二、四十四等。參加日本人的婚禮，送禮金時要避免偶數，因為他們認為偶數是二的倍數，容易導致夫妻離異。

相對於今天社會的種種數字禁忌，古人則要輕鬆得多。由於現在通行的阿拉伯數字是清末時才在中國普遍推廣使用的，在此之前，古人計數都採用漢字。古代也沒有電話號碼、車牌號碼等需要一連串數字編碼的東西，同時漢字也一字多意，個個都能造出吉利的詞語，例如一帆風順、二龍騰飛、三陽開泰、四季平安、五福臨門、六六大順、七星高照、八方來財、九九同心、十全十美。所以古人也就沒有那麼多的數字禁忌了。

延伸知識──形形色色的數字禁忌

數字忌諱雖然不科學，但卻有很大的影響力。在西方社會，同樣有很多數字禁忌。例如西方人普遍認為「十三」是不吉利的數字，在許多場合都盡量避開。如門牌號碼、樓層號碼等各種編號常避免用十三，宴會也盡量不在十三號舉行，甚至一桌不能坐十三個人，連菜也不可以上十三道。在達文西的名畫〈最後的晚餐〉中，耶穌與十二門徒共進晚餐，出賣他的猶大就坐在第十三位。西方人還認為星期五也不吉利，如果碰巧十三號是星期五，那就更糟了，這天就成了「黑色星期五」，做事要格外當心。有的人乾脆整天呆在家裡，避免出門惹麻煩，一般也不舉行宴請活動。據說夏娃給亞當吃禁果之日就是十三號星期五，耶穌被釘上十字架也是在十三號星期五。另外，西方人對三也有忌諱，為別人點煙時，在點了第二根煙後，則要重新點火，避開「三」。

中國人對數字的講究也很多：如結婚、辦喜事的時候禮金忌包單數，一定要雙數；而喪事的白包則忌包雙數，一定要包奇數。另外數字「三」諧音「散」，所以結婚喜宴應該迴避這一數字，有的地方甚至還有三月不結婚的習俗，說三月結婚的人易犯「桃花」。在年齡上，民間忌諱「七十三」和「八十四」，俗話說「七十三，八十四，閻王不請自己去」，老人們遇到這兩個年齡總會多報或少說一歲。

這些數字禁忌是長久以來社會所形成的習慣，是民俗生活中的一種規則，雖然並沒有科學根據，但它們表現了老百姓求福祈壽、驅除兇險的樸素願望。

45 「五花八門」是指哪「五花」，哪「八門」？

當我們比喻事物種類繁多、變化多端的時候常常會用「五花八門」這個詞。那麼，這「五花」是指五種花，「八門」是指八個門嗎？

「五花八門」其實原本是指古代戰爭中的五行陣和八卦陣。「五花」指五行陣，五行就是金、木、水、火、土，古人認為萬物皆由五行相生相剋演化而來。用五行來指揮軍隊的方法在唐代李靖的《兵法》中就有記載：各路軍旗按所在方位作五色，赤，南方火；白，西方金；皂，北方水；碧，東方木；黃，中央土。後人就將此陣法稱為五行陣。「八門」則是指「八卦陣」。傳說這種陣法是依照八卦的方位布置的，變幻多端，讓人難以破解。這種陣法多見於神怪小說。正因為這兩種陣法在作戰時都有多種變化，因此後世就用五花八門來比喻事物花樣繁多。

後世也有人認為，「五花」和「八門」分別指不同行業的人。「五花」指的是：金菊花——賣茶的女人；木棉花——街上為人治病的郎中；水仙花——酒樓上的歌女；火棘花——玩雜耍的人；土中花——挑夫。「八門」指一門巾——算命占卦之人；二門皮——賣草藥的人；三門彩——變戲法的人；四門掛——江湖賣藝人；五門平——說書評彈者；六門團——街頭賣唱的人；七門調——搭篷紮紙的人；八門聊——高台唱戲的人。這五花八門涵蓋了諸多行業，藉以泛指繁雜和眾多。

延伸知識 為什麼將小道消息稱為「八卦」？

八卦源於《周易》，是指八種有象徵意義的基本圖形。每卦由三個分別代表陽的陽爻「—」和代表陰的陰爻「- -」組成，分別稱為乾、坤、震、巽、坎、離、艮、兑，代表天、地、雷、風、水、火、山、澤八種自然現象。古人認為乾、坤兩卦在八卦中的地位特別重要，是自然界和人類社會一切現象的最初根源，而乾與坤、震與巽、坎與離、艮與兑又形成了八卦中四個矛盾對立的形態。相傳八卦是由伏羲所作，後經周文王的演化成為六十四卦，六十四卦中的每卦皆由八卦中的兩卦兩兩組合而成，用以象徵自然現象和社會現象的發展變化。八卦反映了古人對世界的認識。

那麼，頗具傳統文化色彩的八卦怎麼和小道消息連在一起了呢？據說，八卦指非正式的小道消息或者新聞最早源於娛樂圈。早年香港的某些雜誌為了提高銷量，常在封面上放置一些較為暴露的圖片，並在某些重點部位加貼八卦圖遮蔽，類似馬賽克的效果。這些雜誌為了吸引讀者，還到處挖掘明星的隱私，內容也多涉及明星的私生活，因而八卦與小道消息扯上了關係，這些雜誌也被稱為八卦雜誌。也有說法認為，八卦來源於演藝圈，是為了表示英文中的「gossip」（閒話、流言之意）一詞。如今，八卦指非正式的小道消息的意思已經被廣泛運用。

46

單身漢為何又叫王老五？王老五是否真有其人？

一九三七年聯華影業公司拍攝了一部名叫《王老五》的故事片，影片中塑造了一個單身漢主人翁——王老五。在電影中，家境貧窮的王老五生性善良，年已三十五歲卻仍未娶妻成家。後因仗義相助鄰家姑娘埋葬老父，才博取了對方好感，喜結連理。婚後他們生兒育女，家庭生活益加窘迫。因漢奸誣陷，王老五不僅被大家誤解，還被敵機擲彈轟炸身亡。值得一提的是，這部影片女主角就是毛澤東的妻子江青。藉著影片的影響，這部電影中的歌曲不僅成為當時的流行歌曲，「王老五」的大名也廣為流傳，自此單身漢們便有名有姓，一直叫到今天。

不過，應該說電影《王老五》只是擴大了「王老五」的知名度，其實早在電影拍攝之前，民間就有俗語說「王老五，命真苦，褲子破了沒人補」。俗語中的「王老五」，就特指沒有家室的男士，雖然來歷無從稽考，但卻恐怕是「王老五」一詞的出處所在。

如今，「王老五」也有了升級版，不再是一無所有、沒人青睞的單身漢了。例如「鑽石王老五」就特別指事業有成而尚未結婚的男性，這可是不少女士們趨之若鶩的對象呢！

延伸知識 古代的男子不僅可以娶妻，還可以納妾，這是怎麼回事？

現代王老五宛然引領時尚，保持單身是很多年輕人理想的自由狀態。可是古代的男子們往往不僅要娶妻而且還要納妾，必須組織成一個龐大的家庭。

中國自古就是一夫一妻制，但不代表丈夫不能擁有別的女性伴侶。妻是家中的正房，而妾則是偏室，也有姨太太、陪房、小老婆等俗稱。早在周代，諸侯之間就有媵妾婚的制度，這是上古時代群婚制的遺俗。當時的諸侯國君成婚時，先要在其他諸侯國選定一位夫人，之後女方要在兄弟之女（侄）、妹妹（娣）及同姓中選擇女子陪嫁，一共九人。除夫人是正妻外，其他女子都被稱為媵，她們的地位在妻與妾之間，如果夫人去世，也常常會在媵中選擇新的夫人。這種制度到後來就不再流行，媵的地位降低到與妾相同。

納妾制度在早期有著嚴格的要求，這也和等級森嚴的社會角色相符合。男子是依據身份決定納妾的數量，《魏書》就記載：「古諸侯娶九女，士有一妻一妾。」《晉令》：「諸王置妾八人；郡君、侯，妾六人。」《官品令》：「第一、第二品有四妾，第三、第四有三妾，第

五、第六有二妾，第七、第八有一妾。諸王置妾八人，郡公、侯妾六人。」但隨著時代推移，平民百姓只要有錢也可以隨意納妾，幾乎不會受到干涉。

在等級森嚴的宗法社會中，妻妾享受的待遇有天壤之別。古人認為「妻妾不分則家事亂」，因此妾的地位相當卑賤，她們的子女是庶出，一般沒有繼承權。她們死後也不能與丈夫合葬，牌位不入宗廟。幾千年來形成的納妾觀念，積習已久，被視為自然而然的事情，到近代也是如此。曾經，有幾位美國女士邀請民國時期的國學大師辜鴻銘赴宴。席間，她們為中國女子打抱不平，批評中國男子納妾的落後和不人道。辜鴻銘面對她們的義正辭嚴，一聲不語。直到幾位女士陳詞已盡，口乾舌燥的時候，他才緩緩站起，依次將四只茶杯擺在茶壺周圍。他慢慢說道：「夫人們，你們看見了吧，一把茶壺可以配四只茶杯，可曾見過一只茶杯配四把茶壺？男人好比茶壺，女人好比茶杯……。」這套奇談怪論，登時讓幾位美國女子無言以對。

47

為什麼是「亂七八糟」而不是「亂五六糟」？這個成語是怎麼來的？

人們將雜亂無章、混亂不堪的狀況稱為「亂七八糟」。至於為什麼約定俗成用「七八」來形容混亂的狀況，有人認為這與歷史上的「七國之亂」和「八王之亂」有關。

先來說說七國之亂。西漢初年，經歷秦末楚漢之爭的漢高祖劉邦終於登基做了皇帝。他總結前朝的得失之後認為，秦之所以迅速滅亡的原因是皇室的孤立無援。於是他大封同姓，「非劉姓者不得為王」，希望依靠劉姓諸侯的實力，永保太平。文帝時，賈誼提出了「眾建諸侯而少其力」的分國政策，使諸侯國的勢力迅速擴張。他們自置官吏、自征賦稅，各自為政，不服從中央的領導。景帝即位後，聽從了御史大夫晁錯的意見進行「削藩」，即削減諸侯國領土，收歸中央管理。結果觸發了以吳王劉濞為首，楚王劉戊、趙王劉遂、膠東王劉雄渠、膠西王劉卬、濟南王劉辟光和菑川王劉賢等聯合的叛亂。他們打著「誅晁錯，清君側」的旗號，實際上謀求帝位。後來，景帝以周亞夫為太尉，僅三個月就平定了叛亂。七國之亂是西漢中央與諸侯國間的一次關鍵戰役，維護了漢王朝的統一，加強了中央集權。

再來談八王之亂。西晉初年，司馬炎建立晉朝後，為了鞏固政權，也將皇室子弟分封為諸侯王，享有各種特權。司馬炎死後，惠帝司馬衷即位，他十分無能，難以治理朝政，大權落在其外祖父楊駿手中。惠帝的皇后賈南風不滿楊駿獨攬大權，便設計殺死了楊駿，由汝南王司馬亮輔政。司馬亮專權後，賈后覺得不放心，就密詔司馬瑋除掉他。司馬瑋當權後，賈后仍然不放心，又設計殺了司馬瑋，由此宮廷不得安寧。負責京城安全的趙王司馬倫，趁機發動政變，殺死賈后，廢惠帝，自立為王，引起齊王司馬冏、成都王司馬穎、河間王司馬顒等人的強烈反對。他們聯手殺死了司馬倫，幫助惠帝恢復帝位。後來，司馬冏又被司馬顒和司馬穎殺掉。東海王司馬越得知後十分惱怒，立即發兵進宮，把司馬顒和司馬穎殺死，並毒死惠帝，另立新帝，由他掌握朝中的大權。這就是「八王之亂」的大概經過。

延伸知識──賈南風與八王之亂

晉惠帝皇后賈南風的恣意妄為，可以說是八王之亂的導火線。晉惠帝司馬衷是晉武帝司馬炎與皇后楊豔的嫡生長子（上面有一位哥哥司馬軌早殤），但卻有著先天弱智的缺陷。早在他被擇立為太子時，就有不少大臣表示反對，但並沒有改變武帝的決定。到了為太子選妃時，武帝主張選擇台輔大臣衛瓘的女兒，而皇后楊豔因為收受了賈充家的賄賂，而堅持選賈家的女兒為太子妃。即使武帝知道「賈家種妒而少子，醜而短黑」，也拗不過皇后的意思，最終讓兒子娶了賈南風作媳婦。

作太子妃時，賈南風就暴露了殘妒的本性。她聽說有一位侍妾已經懷了司馬衷的骨肉，就親手執刃將這個侍妾肚子裡未足月的胎兒剖出來，將侍妾折磨致死。晉武帝聽說這事後十分震怒，打算將她廢掉。但由於皇后出面說好話，再加上考慮到賈南風家族的勢力，而使廢妃之事不了了之。賈南風保住了太子妃的位置，也意識到保住太子位置的重要性。太子司馬衷智力低下，晉武帝和朝臣們認為他「純質」、「不能親政事」。為了考驗他，就「密封疑事，使太子決之」。賈南風怕暴露出丈夫的無能，就讓外人替太子事先做好答案，讓太子背誦，蒙混過關。終於，在這位「妒忌多權詐」的賢內助支持下，司馬衷順利取得皇位。

惠帝即位後，賈南風被冊立為皇后。為了掌握朝政大權，賈南風採取了濫殺無辜，誅滅異己的辦法。晉武帝臨終時，任命皇后楊芷（她是已故皇后楊豔的堂妹）的父親楊駿為輔政大臣。賈南風為了獨攬大權，便指使黨羽生擒楊駿一族，同時誣告楊駿謀反，夷三族。為了趕盡殺絕，賈南風將皇太后楊芷廢為庶人，關進冷宮，在第二年活活將她餓死。隨後，賈南風又導演了一場「矯詔使楚王瑋殺太宰、汝南王亮，太保、淄陽公衛瓘」的事件，然後又以「擅殺」的罪名，誅殺了楚王司馬瑋。

從此賈南風大權獨攬，風光無限。但她也有心病，就是她沒有兒子，擔心將來太子即位對她不利。於是，她藉口太子謀反，殺死太子「以絕眾望」，終於激起了宗室諸王的反抗。梁王司馬肜、趙王司馬倫等率兵入宮，先廢賈南風為庶人，又將賈南風處死。之後，淮南王司馬允舉兵討趙王司馬倫，西晉宗室之間開始互相殘殺。八王之亂使西晉「宗室日衰」，中國從此陷入了三百多年的分裂割據局面。

48

為什麼將懷孕稱為「身懷六甲」？

古人將女子懷孕稱為「身懷六甲」，如《初刻拍案驚奇》卷三十三就說：「成婚未久，果然身懷六甲。方及周年，生下一子。」之所以這樣稱呼，是因為古人認為「六甲」是上帝造物的日子，懷孕期間正是蘊育新生命的時期，故將懷孕稱作「身懷六甲」。

「六甲」是天干地支中的概念。古人採用十天干（甲、乙、丙、丁、戊、己、庚、辛、壬、癸）和十二地支（子、丑、寅、卯、辰、巳、午、未、申、酉、戌、亥）相互配合計算時日，例如甲子、乙丑、丙寅等。六甲，就是指天干地支組合後出現的甲子、甲寅、甲辰、甲午、甲申、甲戌等六個含「甲」的符號。這六種符號被古人用於計年、計日、計時，並賦予了神秘的色彩，如卦書上說「甲子相逢甲子連，擬作蟾宮折桂仙」，意思是甲子日遇到甲子時，是求取功名的最佳時間。

那麼，為什麼古人會認為六甲與上帝造物有關呢？這應該與古代的陰陽觀念有關。在古人看來，六甲各領起十年，不僅具有鮮明的時間觀念，還代表著一種演化趨勢。古人相信上帝造物，也依循六甲變化道理，人類繁衍更應該如此。於是甲子、甲寅、甲辰、甲午、甲申、甲戌這六個甲日，便被當作是上天創造萬物的日子，如《說郛・三餘帖》就說「六甲乃上帝造物之日」。「六甲」於是被理解為婦女受孕的日子，身懷六甲就意味著懷孕了。

延伸知識 「奇門遁甲」是什麼？

奇門遁甲是古代術數的一種。「奇」是指十干中的「乙、丙、丁」，合稱為「三奇」；「門」是指八卦的變相「休、生、傷、杜、景、死、驚、開」，合稱「八門」。「遁」是隱藏的意思，「甲」則是十干中最尊貴而不顯露的。六甲（甲子、甲戌、甲申、甲午、甲辰、甲寅）常常隱藏於六儀（戊、己、庚、辛、壬、癸）之內，六儀與三奇又分布於九宮之內，這樣「甲」就不獨佔一宮，因此稱為「遁甲」。古人相信可以透過奇門遁甲推測出禍福吉凶，預測人事的發展和命運。

相傳奇門遁甲起源於黃帝之時，黃帝軒轅氏曾與蚩尤展開一場大戰。蚩尤身高七尺，鐵頭銅身刀槍不入，而且會呼風喚雨。在戰場上他製造迷霧，使得黃帝的部隊迷失方向。黃帝憑藉仙女贈給他的一本天篆文冊《龍甲神章》，製造出指南車打敗了蚩尤。這部《龍甲神章》除了記載兵器的打造方法之外，還記載了很多兵法，後來被黃帝的宰相風后演繹成兵法十三章，孤虛法十二章，奇門遁甲一千零八十局。

據說姜太公和張良都學到了這門秘學，尤其是張良，將上古的「奇門遁甲一千零八十局」精簡之後，形成後人所熟知的奇門遁甲。有了這個秘密武器，他們在戰場上攻無不克、戰無不勝，奇門遁甲也因此成為帝王奪取天下的法寶。傳說諸葛亮也精通此術，《三國演義》中就有「孔明借東風」的故事。

奇門遁甲包羅萬象，雖然摻雜著某種程度的迷信，卻也表現了古人的智慧。時至今日，仍有人希望藉助奇門遁甲的幫助，推測吉時吉方，以增加事情的成功率。

49 參軍為什麼也叫「入伍」？

參軍之所以叫「入伍」，與中國古代軍隊的編制有關。

根據《周禮》記載：中國古代軍隊裡「五人為伍，五伍為兩，五兩為卒，五卒為旅，五旅為師，五師為軍。」從西周起軍隊就是依照伍、兩、卒、旅、師、軍等規格編制的，就如同現在軍隊中的班、排、連、營、團、師、軍等設置。其實「伍」的基本意思就是五個人。那時，社會的基本單位就是「比伍」，《周禮・地官・族師》中就說：「五家為比，十家為聯。五人為伍，十人為聯。四閭為族，八閭為聯。使之相保相受，刑罰慶賞，相及相共，以受邦職，以役國事，以相葬埋。」這層層細密組織，是當時政府的重要管理手段。統治者要求五家編為一比，當兵時，五家就各送一名男丁，組成一個伍，不管做什麼，這五人總是在一起。因此，「伍」就成了軍隊裡最基本的單位，後世就用「伍」來代指軍隊。

雖然歷代軍隊的編制不斷變化，但用「伍」代指軍隊的說法卻一直沿用至今。如「入伍」就是參軍，「退伍」就是退役。「行伍」也是指軍隊，這是因為古代兵制中曾一度規定：五人為伍，五伍為行。因此人們常說的「行伍出身」，就是軍人出身的意思。

延伸知識｜古代的軍隊有哪些等級制度，是依據什麼來晉官加爵的？

古代的軍隊，一般以元帥、副元帥等為戰時最高統帥，將軍次之，其下還有校、尉等職。古代軍隊的等級、建置歷代都有變化，情況比較複雜。下面以朝代先後為序簡要介紹一下。

西周時期軍政不分，統治者既管行政，也管軍事，作戰時軍隊分左、中、右三軍。春秋時分為上、中、下三軍，三軍將領稱將上軍、將中軍（又稱元帥）、將下軍。秦漢統一後，確立了一系列制度並被後代沿用，主要由太尉（漢武帝時稱大司馬）掌管全國軍事行政，高級武官有大將軍、驃騎將軍、車騎將軍、衛將軍等。魏晉以後，權位最高的大臣出征時往往加以「假黃鉞」的稱號，有代表皇帝親征之意；地方軍政長官加以「使持節」的稱號，給予誅殺中級以下官吏的權力。

唐朝時期，節度使掌管當地軍事大權，朝廷則有十個中央禁軍，各置大將軍、將軍、龍武、神策、神武等為統軍。宋代正規軍都稱為禁兵，禁兵由三衙統領，三衙長官分別稱為殿帥、馬帥、步帥，合稱三帥。教練武藝的軍官稱都教頭、教頭，單稱教頭的人地位很低（如林沖曾任教頭）。禁兵的調動權在樞密院，它是國家軍事行政機關，長官稱作樞密使。各地方則設有兵馬總管或兵馬都監（簡稱都監），或提轄兵甲（簡稱提轄，魯智深曾任提轄）。

明代軍隊實行衛所制，主要長官稱指揮使，下屬有千戶、百戶等；清代的軍隊分為八旗與綠營兩個系統，管轄綠營兵的稱九門提督，駐防各地將軍的職銜都冠以所駐地名，如盛京將軍、伊犁將軍等。

除了官職之外，軍隊中還有爵位，它是表示社會地位和物質待遇的一種稱號，一般根據血緣親疏或功勞大小來授給，還可以世襲。爵位是激勵士兵冒生命危險參加戰鬥的因素，將士們每有軍功便可加爵。每晉升一級爵位，就由國家賜予耕地、財物，還可以享受相應的社會特權。秦漢以後，由於社會所看重的是職官，再賞賜爵位沒有激勵意義，於是自北朝的北周開始，設置「勳官」制度，即對於有戰功的將士賞給一個名義上的官位。這一制度被隋唐五代以及兩宋沿襲，後來也出現直接授給官職的做法，但由於官缺較少，效果並不理想。例如清代戰爭頻繁，賞賜的軍功官職成千上萬，候補官等很久也難以補上缺，最後往往落得連回家的路費都沒有。

50

「七月流火」是七月時天氣很熱的意思嗎？

「七月流火」聽起來像是形容夏天氣候炎熱，如老百姓俗話說「天熱得像下了火似的」。不過，這種望文生義的解釋是不正確的，七月流火實際上是說「七月裡火星流向下」，隱含著天氣將要轉涼的意思。

「七月流火」出自《詩經．豳風．七月》。〈七月〉是一首反映西周時期農人們終年辛勤工作而不得溫飽的艱難生活的詩，全詩八章八十八句，是「國風」裡最長的一篇。詩裡多次提到天氣與農時的變化，以及當時人們的生活。如開篇就說：「七月流火，九月授衣。一之日觱發，二之日栗烈，無衣無褐，何以卒歲？」說的就是，七月裡火星流向下，九月裡官家發寒衣。十一月裡起寒風，十二月裡寒氣凜冽，沒有長袍和短襖，怎麼過年啊？

這裡所說的「七月」指夏曆七月，大致相當於現代西曆的八、九月，在古代被視為秋季的開始。「火」又稱大火，也就是心宿二，天蠍座的主星。這顆星每年夏曆五月的黃昏出現在正南方中天；七月時自中天逐漸向西下降，也就是詩裡所說的「流」。因此，後世多藉「七月流火」指暑漸退、寒將至之時。

延伸知識｜七夕是怎樣來的？

農曆七月初七的夜晚，俗稱七夕，民間傳說這是每年牛郎織女在天河相會的時刻。

牛郎和織女是天空中隔著銀河相望的兩個星辰。以現在的觀點看，牛郎星屬於天鷹座，是天空中第十二亮星，織女星屬於天琴座，是天空中第五亮星，牛郎、織女不愧為夜空中的一對閃耀伴侶。

有關牛郎織女的傳說，早在東漢之前就已經有了雛形，最初的故事版本是這樣的：天帝的孫女織女，長年織造雲錦布置天空，自從她嫁給了河西牛郎後，就不再織了。於是天帝責令兩人分離，織女回到河東繼續織錦，天帝每年只准他們於七月七日在天河上相會一次。這個故事後來演繹得更加生動，成為著名的民間愛情故事：相傳天上的仙女織女是王母娘娘的孫女，她能用一種神奇的絲在織布機上織出層層疊疊的美麗雲彩。勤勞善良的人間男子牛郎，自幼父母雙亡，跟隨哥嫂度日。哥嫂對他十分刻薄，與他分家時只給了他一條老牛。一天，織女和諸仙女到人間遊戲，在小河中洗澡，牛郎在老牛的幫助下認識了織女，織女也愛上了牛郎，於是織女沒有回天廷而是嫁給了牛郎，並生了兩個孩子。王母娘娘知道這件事後，勃然大怒，派人趁牛郎不在家的時候抓走了織女。牛郎回家之後在老牛的指點下，披上牛皮用扁擔擔了兩個小孩去追織女，眼看就要追上的時候，王母娘娘用金簪在天空一劃，劃出一條波浪滾滾的銀河，硬生生將牛郎和織女隔開。不過二人忠貞的愛情還是感動了上蒼，王母娘娘也只得同意他們每年的七月初七可以相會。這天，會有無數的喜鵲飛來，在銀河上為他們搭一座鵲橋，讓他們相會。

古時有七夕節時乞巧的習俗，就是婦女們在七月初六或初七的夜晚，在庭院裡向織女星乞求智巧。她們製作彩縷，穿七孔針，在庭院裡陳列瓜果。如果有小蜘蛛在瓜果上結網，就表示自己的祈求得到了應驗。

牛郎織女的愛情故事深入人心，「盈盈一水間，脈脈不得語」、「兩情若是久長時，又豈在朝朝暮暮」等名句更為這段傷感的愛情故事做了最好的詮釋。因此，現代人更將七夕視為中國情人節，在這天與心愛的人共度，表達愛意。

51

一個人才學出眾，常被稱為「才高八斗」，為什麼不說「才高十斗」、「才高百斗」，那樣不是才學更高？

才高八斗、學富五車之類的詞語，常被人們用來形容才學淵博，識見卓絕。「斗」是古代的容量單位，大約等於現在的十升。古人常用「斗」來盛糧載物，如有陶淵明不為五斗米折腰的典故。說起「斗」怎麼用來形容才學，又怎麼偏偏是「八斗」而不是「十斗」、「百斗」，這還有一段小故事。

宋代的《釋常談・八斗之才》中解釋說：「文章多謂之八斗之才，謝靈運嘗曰：『天下才有一石，曹子建獨佔八斗，我得一斗，天下共分一斗。』」這在《南史・謝靈運傳》中也可以印證。謝靈運是南朝時期的著名詩人，其詩精妙富麗，寫景談玄；其人性喜遊山玩水，耽於山水景色描寫，確立了中國山水詩的地位。他的詩在當時堪稱佳品，不但語言工整精練，而且境界清新自然，猶如一幅幅鮮明的圖畫，從不同的角度向人們展示著大自然的美。當時及後世的許多文人雅士皆對其詩青睞有加，競相學習模仿。

謝靈運出身名門，是東晉名臣謝玄的孫子。他世襲康樂公，又才華出眾，所以自命不凡。他曾經說：天下的文學之才共有一石（容量單位，一石等於十斗），其中曹子建（即曹植）獨佔八斗，我的才學可得一斗，天下其他的人共分一斗。此語一出，遂不脛而走。自此之後，人們便用「才高八斗」比喻才學出眾之人。

延伸知識—學富五車

古代的才子，想要出人頭地、金榜題名，最基本的就是多讀書。形容一個人知識淵博常用「學富五車」這個詞，它出自《莊子・天下》：「惠施多方，其書五車，其道舛駁，其言也不中。」惠施是戰國時宋國的名士，後來做了魏國相國，也是莊子一生中唯一交往的上層人物。惠施博於名辯，時常與莊子論辯，著名的「濠梁之辯」就是他倆的典故。據說惠施死後，莊子傷悼不已，給門下弟子講郢人「運斤成風」的典故，引喻自己在惠施死後再難覓辯論之人。惠施的學說雖然雜亂不純，但他一生讀書豐富。所說的「其書五車」，就是指他讀的書足足有五車。

典故中的五車書並不是指紙質書，而是指竹簡書，這也間接反映了當時書籍攜帶不便的情況。早期的書籍主要記錄於竹簡木牘上，每一本書都要使用大量的竹簡刻製，份量可是不輕。翻閱這樣的書籍不但費功夫花力氣，而且攜帶很不方便。這樣算來，一車也裝不了幾本書。如西元一九七二年在山東發現的銀雀山漢墓竹簡，一號墓出土竹簡多達七千五百餘枚，但內容不過是《孫子兵法》、《孫臏兵法》、《六韜》、《尉繚子》等幾部。

依此看來，當時的五車書與現在的五車書在數量上相差甚遠，並不能等量齊觀。但是當時書籍較少，刻錄繁瑣，所以五車書已經是不小的數目了，擁有五車藏書的人也堪稱是「飽學之士」了。相傳戰國名相蘇秦，藏書豐富，也不過有藏書數十篋。隨著造紙術的改進，竹簡木牘逐漸被淘汰，但是學富五車的說法卻流傳下來，一直沿用至今。

52

人們常用「半斤八兩」來形容差不多的人或事，為什麼這樣說呢？

古代用來表示重量的單位非常多，各個時代也很不同。戰國時期，各個諸侯國都各自建立了一套重量單位體系，如魏國用「鎰、釿、兩」；中山國用「石、刀」；秦國用「石、鈞、斤、兩、銖」；楚國既有「斤、兩、銖」，也有「鎰」。秦統一六國以後，鑑於各地區獨特的度量衡單位和換算關係讓統治管理和人民生活都帶來很大的不便，所以進行了統一度量衡的工作。實際上就是把秦國使用的度量衡標準作為國家標準，通令全國使用。其中重量單位的換算關係是：一石為四鈞，一鈞為三十斤，一斤為十六兩，一兩等於二十四銖。

秦代的度量衡標準為後來的王朝所沿用，直到唐代，政府制定了一套新的重量單位和換算方法。重量單位有「石、斤、兩、錢、分」，換算關係是一石為一二〇斤，一斤為十六兩，一兩為十錢，一錢為十分。唐代的重量單位和換算關係一直為後世所使用。

由重量單位還產生許多成語，例如用「錙銖必較」表示一個人愛計較小利；「千鈞一髮」形容情況很危急。「半斤」與「八兩」的輕重是一樣的，因此常用「半斤八兩」來形容彼此不相上下。

延伸知識 為什麼古人把一斤定為十六兩？古代的斤兩到底有多重？

古代重量單位之間的換算關係很複雜，有四進制、十進位、十二進位、十六進位等等，為什麼把一斤定為十六兩，不得而知。民間有一種說法：一斤中每一兩都是一顆星，十六兩就是十六顆星，包括北斗七星、南斗六星和福、祿、壽三星。賣東西的人在稱重量時，不短斤少兩，就會得足星，尤其是得到福、祿、壽三星。如果是心地不良，苛扣重量，就會損星。苛扣一兩就會減福，苛扣二兩就會損祿，苛扣三兩就會折壽。所以商家應該守誠信，否則會受到上天的譴責或遭受不祥的事情。這顯然是人們的一種附會，因為北斗七星是到漢代才有的說法，而一斤等於十六兩的換算關係在戰國時就出現了。但是後世的「秤」和北斗七星還是有密切關係的。古時人們把北斗七星的第四星和第五星分別稱為「天權星」和「玉衡星」，前四星像一個斗，後三星像一個柄，斗和柄相互依託，保持平衡。所以古人就把秤桿叫作「衡」，把秤鉈叫作「權」。

有意思的是，雖然幾千年來一斤一直等於十六兩，但在不同的時期，「斤」和「兩」代表的重量是不一樣的。從秦到西漢，一斤差不多是二五〇克；從東漢到三國時期，一斤約為二二〇克；南北朝時期，各個王朝對於「斤」代表的重量規定不一，有二二〇克的，有三三〇克的，有四四〇克的，還有六六〇克的；隋唐時期則有「大斤」、「小斤」的區別，大斤約為六六一克，小斤約為二二〇克；宋元時期一斤約為六三三克；明代一斤為五九〇克；清代一斤為五九六克；現在上市場買東西的話，一斤是六〇〇克，一兩為三七．五克。

瞭解「斤兩」的真實重量，我們就能更理解古代的一些事情了。例如《史記‧魏公子列傳》裡說，信陵君請求晉鄙發兵救趙，晉鄙不同意，於是信陵君的隨從朱亥就從衣袖裡拿出一把四十斤的鐵椎把晉鄙砸死了。如果這鐵椎折合二十四公斤的話，那朱亥穿的衣服肯定要變形了。實際上朱亥的鐵椎只相當於現在的十公斤，藏在衣服裡不被發現是很可能的。再如《三國演義》裡面說，關羽使一口青龍偃月刀，重八十二斤。八十二斤對於現在的人來說拎起來都成問題，關羽怎麼能一隻手抓著它，還要左砍右剁地用上半天呢？其實，關羽大刀的重量換成今天的計算單位，也就是十八公斤，所以關公舞大刀並不會那麼吃力。

53

農曆十二月初八為什麼稱為臘八，為什麼要在這一天喝臘八粥呢？

臘是指臘祭，是歲終的大祭，古人十分重視。在祭祀這天，古人以獵取的禽獸作為祭品供奉神明和祖先。臘祭在每年的十二月舉行，因此，秦漢以後，人們已經普遍將十二月稱為臘月，農曆的十二月初八也就順理成章的被稱為臘八了。

不過在臘八這天喝粥的習俗與古代祭祀並沒有什麼關係，而是與佛祖釋迦牟尼有關。傳說，佛教創始人釋迦牟尼捨棄王位，出家修道，但苦行多年一無所獲。在比哈爾邦邦的尼連河附近，他筋疲力盡，昏倒在地。牧羊女蘇耶妲給他了一碗用米、栗、羊乳等熬成的粥。佛祖吃後精力充沛，終於在臘月八日這天，在菩提樹下悟道成佛。因此，每逢臘八這天，寺廟都會念誦經文，舉行法會，以紀念佛祖成道日。同時，各大寺院還會用多種果子雜拌熬製成粥——稱為臘八粥或七寶五味粥，分食僧眾，以紀念尼連河畔牧羊女救濟釋迦牟尼的故事。

臘八日食用臘八粥的習俗，逐漸為民眾所接受，例如宋代孟元老在《東京夢華錄・十二月》中提到：

「初八日……都人是日各家亦以果子雜料煮粥而食也。」可見，吃臘八粥在宋代就已成為了民俗的一部分。不僅如此，帝王也要在臘八這天有所表示，以籠絡臣子。元人孫國敉《燕都遊覽志》中云：「十二月八日，賜百官粥，以米果雜成之。品多者為勝，此蓋循宋時故事。」到了清朝，雍正皇帝將北京安定門內國子監以東的府邸改為雍和宮，每逢臘八日，在宮內萬福閣等處，用鍋煮臘八粥，並請來喇嘛僧人誦經，然後將粥分給各王公大臣品嘗食用，以度節日。《光緒順天府志》云：「每歲臘月八日，雍和宮熬粥，定制，派大臣監視，蓋供上膳焉。」喝臘八粥的習俗一直流傳至今，所選用的食材也更加豐富多樣。

延伸知識——臘月祭灶的習俗

古人在過臘月時，有一項重要的活動，就是祭祀灶王爺。祭灶是古代的五祀之一，所謂五祀就是指祭祀住宅內外的五種神明，即門、戶、井、灶、中霤，是與人們日常生活密切聯繫的五種神。漢代班固《白虎通‧五祀》中說：「灶者火之主，人所以自養也。」可見祭灶是老百姓很重視的活動。

祭灶的活動自漢代開始，就常在臘月進行。據說灶王爺是玉皇大帝派駐人間監察善惡的神，他手下兩名善惡童子，手捧善瓶和惡罐，給每家每戶記賬。等到臘月二十四日上天朝奏玉帝時具實奏本，上天據此決定降福或降禍。為了讓灶王爺上天彙報工作的時候多說一些好話，保障未來的一年裡家人有吃有喝，老百姓就在臘月二十三或二十四日臨時「請」一份上有「司命之神」題款的「燒灶」（祭祀用的紙像），夾在木製神紙夾子上，向它叩祭。有一些小商舖甚至會常年供奉灶王爺。有配偶的人家供雙座金灶，所謂金灶就是用紙糊一個神龕，將紙像貼在裡邊，掛在鍋灶上端的牆壁上，兩旁飾以紅對聯。雙座金灶供的是「灶王爺」、「灶王奶奶」。而無配偶、喪偶的家庭與小商舖通常供奉單座金灶，因此有句歇後語說「燒餅舖的灶王爺——獨座兒」。

供灶王的神龕下面還常有一張供案，上面擺著香爐和燭台。常年供灶王的人要每天「晨昏三叩首，早晚一爐香」。臘月二十三日晚上的祭祀更加隆重，要供上關東糖、南糖、糖餅、清水、草豆等祭品，由男家長主祭上香，其他男眷依尊卑長幼次序行三叩首禮。禮畢，連龕帶像一併放在松柏枝、芝麻秸架子上點火焚化，叫作「送祭」。之所以民間用關東糖等作為祭品，目的是粘住灶王爺的嘴，免得他在玉帝面前說自家的壞話。而清水、草豆則是犒勞灶王爺的座騎。

54

武林高手常是「十八般武藝樣樣精通」，這十八般武藝是什麼？

武藝高強的人常常是「十八般武藝樣樣精通」的，可是這十八般武藝是指什麼呢？十八般武藝的說法始見於南宋華嶽編纂的兵書《翠微北征錄》。此書編成於南宋嘉定元年，華嶽在書中自稱「臣聞……十八般武藝……」，由此可見這個說法產生的時間還要更早。通常，「十八般武藝」就是指精通「十八種兵器」。「十八般武藝」最初是指什麼已無從稽考，但後人對此有所闡釋。如明代謝肇淛《五雜俎》中認為，十八般武藝是「一弓、二弩、三槍、四刀、五劍、六矛、七盾、八斧、九鉞、十戟、十一鞭、十二簡、十三撾、十四殳、十五叉、十六把、十七綿繩套索、十八白打。」其中前十七種都是兵器名稱，第十八般名目「白打」，則是指「徒手拳術」。

也有另外的看法，如中國四大古典名著之一的《水滸傳》中寫到的十八樣是：矛、鍾、弓、弩、銃、鞭、鐧、劍、鏈、撾、斧、鉞、戈、戟、牌、棒、槍、扒。還有人認為所謂十八般武藝是指九長九短：九長是槍、戟、棍、鉞、叉、钂、鉤、槊、環；九短是刀、劍、拐、斧、鞭、鐧、錘、棒、杵。

其實，十八般武藝也許本來就沒有具體內容。因為十八是一個很特殊的數字，在古代常用來泛指變化多端，如常說的女大十八變、黃梅天十八變等，所以後世常以「十八般武藝」來泛指多種武藝和技能。

延伸知識—少林功夫

說起中國功夫，人們首先就會想到少林寺。少林功夫有著悠久的歷史，一直被視為民間習武的重鎮。明萬曆年間鄭若曾撰寫的《江南經略》中就說「天下功夫莫不讓少林」；清初時，已經是「今人談武藝，輒曰從少林寺出來」了。

少林寺建於北魏太和十九年，是孝文帝為印度高僧跋陀而建，因其建於嵩山少室山北麓，故定名為「少林寺」。少林寺是佛教禪宗和少林派拳法的發源地，自建寺以來就以禪、武、醫舉世聞名，歷久不衰。其中使少林寺「武以寺名，寺以武顯」的少林拳，更是使少林寺名揚天下。

相傳少林拳的發揚光大與少林寺僧兵助唐太宗剷除王世充有關。隋朝末年，隋煬帝楊廣橫徵暴斂，民不聊生，各地人民紛紛起義。西元六一九年，東都洛陽的王世充廢掉了稱帝的隋越王楊侗，自立為「大鄭皇帝」，建元「開明」。而此時的太原留守李淵也在兒子李世民等人的支持下起兵反隋，並得到突厥的援助。為統一天下，佔據關中大部的李唐王朝東進攻打王世充。唐高祖武德四年（六二一年）三月，唐軍在李世民的帶領下包圍洛陽，但久攻不下。當時少林寺地處王世充的勢力範圍。王世充的侄子王仁則駐紮轘州，侵佔少林寺封地，使少林寺的僧眾斷絕了齋糧來源，引起了少林寺僧人的不滿。志操、惠錫、曇宗等「十三棍僧」於是夜攻鄭兵大營，生擒王仁則，獻於李世民，為唐的統一立下功勞。為表彰少林武僧的功勳，唐太宗特封曇宗為大將軍，賜少林寺田地四十頃，並特別允許少林寺僧人習武。至今，廟內還立有一塊《唐太宗賜少林寺主教碑》，記述這段歷史。

此後，歷代統治者都很看重少林寺，也都沿襲了特許少林寺僧人習武的政策，因此少林寺日益發展壯大，少林功夫日趨成熟，少林僧兵也屢建奇功。如明代中期，少林寺僧兵就參與過抗擊倭寇的戰鬥。時至今日，少林武術以其博大精深，吸引了世界各地的愛好者，成為中國功夫的象徵之一。

55

為什麼將從事貿易活動的人稱為商人？這跟上古時的商代有關係嗎？

根據歷史學家的考證，「商人」名稱的由來的確和上古的商朝有關係。

商的始祖名契，身世離奇。傳說，他的母親簡狄一天在河邊洗澡，忽然看見一隻燕子飛過並產下一個蛋。簡狄好奇而吞下了燕蛋，後來就懷孕生下了契。虞舜時期，契因為協助禹治水有功而封地於河南商丘（一說陝西商縣），賜姓子氏。夏朝時期，契的十四代孫湯成了部族的首領。他大膽的起用了奴隸出身的伊尹為相，吞併周圍的大小部落，壯大了實力，最後並打敗夏朝的暴君桀建立了商朝。商朝經過幾次遷都，最後定都於黃河北岸的殷（今河南安陽），因此商朝也被稱為殷商。

商朝共有三十位王，統治時間長達四百九十六年（一說六百二十九年），最後一位王——帝辛——就是歷史上著名的暴君紂。紂是一位殘暴荒淫的君主，是歷史上暴君的典型。他建造酒池肉林供自己享樂，設計炮烙之刑虐待百姓，肆意誅殺進言的大臣。這種種行為，最終招致亡國的命運，他自己也在戰敗後自焚於朝歌的鹿台。

商朝為周朝所取代後，商朝的遺民失去了土地，流離失所。他們流浪於各國之間，從事販賣貨物的活動。因此，人們將從事貿易活動的人稱為「商人」，「商業」、「商品」、「商旅」、「經商」等詞也陸續產生。或許因為商業活動的最終目的還是為了追求利潤，所以自古為主流道德觀所輕視。商人不但排在士、農、工、商這四民的末位，還頂著「商人重利輕別離」、「無商不奸」的世俗眼光。商人在古代的地位非常低下，連參加科舉考試的權利也沒有，更有甚者，秦代時從事商業活動會被視為有罪，要遣發嶺南從軍。

延伸知識 人們常說的「商賈」是怎麼回事？難道做生意和姓氏有關嗎？

商人也被稱為賈人，有時商賈連用，泛指商人。這裡的賈並非姓氏，應讀為「ㄍㄨˇ」，是從事商業貿易的意思。

現代用法上，「商」和「賈」的語意已經沒有什麼差別了，都是貿易的意思。但在古代，它們的語義是有差別的。「商」和「賈」在經營方式上有所不同，有所謂「行商坐賈」的區別。從一個地方買進，到另一個地方賣出，用這種方式做生意的人叫商人，而在固定地點買賣的則叫賈人。後來則逐漸統稱他們為「商賈」，「賈」也就成為單純的買售之意。而賈有關的一系列詞語，如賈胡（古代西域的商人）、賈豎（商人奴才）、賈儈（商人、市儈）都由此而來。

賈（ㄐㄧㄚˇ）姓則和賈（ㄍㄨˇ）人並沒有關係。賈姓有兩個起源，均與山西襄汾（古時被稱為賈地）有關。一支出自姬姓，是周成王的弟弟唐叔虞的後代。幼時成王與弟弟叔虞一起玩，拿了一片桐葉對叔虞說：「以封女（汝）。」正巧被輔政的周公旦看見了，他當即向叔虞道賀，同時教導成王「天子不可戲」。因為「桐葉封弟」的緣故，叔虞被封於唐。後來他的少子公明又被成王之子康王封於賈（今山西襄汾西南），被稱為賈伯。春秋時賈國為晉所滅，賈伯的後裔便以國為氏而姓賈。另一支賈姓則與春秋時期晉國的大夫狐偃有關。狐偃是晉文公重耳的舅舅。重耳為公子時曾出亡在外，期間狐偃一直忠心耿耿，追隨重耳並為他出謀劃策，最終為重耳奪得君位立下了汗馬功勞。重耳即位後，就尊狐偃為大夫。後來，狐偃的兒子射姑任晉國太師，晉襄公（重耳之子）把原賈國之地封給他，作為他的封邑，人稱賈季。他的後代也就以封邑為姓，而姓賈了。

56

中國在英文中稱為China，china也是瓷器的意思，這兩個詞是同時產生的嗎？瓷器到底有多受歡迎呢？

很多人都知道：中國的英語譯名是China，有趣的是，china這個詞還有「瓷器」的意思，中國與瓷器竟然在英語中同名！這是本來就有關聯還是巧合？這種巧合使有些人認為，英語中之所以將中國稱為China，是由於中國瓷器曾暢銷海外，影響廣泛，China也就是指「瓷器王國」。其實早在唐代瓷器興盛之前就已存在China一詞的事實。

有歷史學家考證，英文China一詞源於印度古梵文「支那」，是中國第一個封建統一王朝「秦」的音譯。秦朝統一六國後，威名遠播，周邊國家就根據中文發音來稱呼這個強大的帝國，並按照印歐語系的拼寫方法，將「秦」拼寫為Chin。Chin後來被附加了一個母音，成了China。秦朝雖然很快就覆滅了，可是China卻成為中國的代稱。

把瓷器翻譯為china則是在China一詞產生之後，這也和中國瓷器的興盛有關。中國素以瓷器揚名世界，八世紀之後瓷器透過絲綢之路和海上運輸遠銷世界。伴隨著瓷器的出口，中國也開始以「瓷器王國」享譽世界。明代中期，葡萄牙人販賣中國瓷器到歐洲，並稱其商品為chinaware，意即中國瓷。後來該詞省掉了ware，簡稱為china。中國、瓷器二詞自此拼寫相同，只是字首的大小寫有所區別。

延伸知識—中國瓷器的產生和發展

早在距今三千多年前的商代，我們的祖先就開始以黏土、長石和石英為原料製造原始素燒瓷器了。西周之後，瓷器的製作工藝逐步發展，到東漢時，已能燒製出較為成熟的瓷器，浙江上虞一帶的工匠還成功燒製出青釉瓷器。青瓷釉色純正，透明而有光澤，而且價格低廉，被廣泛應用於生活中。

魏晉南北朝之後，製瓷業發展迅速。浙江、江蘇等地的青瓷燒製形成了獨特的風格，南方的黑釉瓷器和北方的白釉瓷器也開始走向市場。到了隋唐，南方青瓷和北方白瓷並駕齊驅。生產青瓷的越窯和盛產白瓷的邢窯也享譽中外，其產品遠銷歐洲。

宋代是瓷器生產的鼎盛時期，當時的五大名窯「汝、官、鈞、哥、定」各有特色，所產瓷器製作精巧、異彩紛呈。其中浙江龍泉的哥窯是南方瓷器的執牛耳者。相傳哥窯創始人是兄弟二人，哥哥的瓷窯稱作「哥窯」，弟弟的瓷窯稱為「龍泉窯」。哥窯瓷器胎質黑褐，光潤柔和，淡雅如玉；龍泉窯胎質色白，尤以釉色見長，蒼翠欲滴，色如翡翠。

到了元代，江西景德鎮的燒瓷業迅速崛起，「青花瓷」逐漸成為瓷器產品中的新寵，至今仍然盛行不衰。到明清時，景德鎮成為製瓷業的中心。明清的彩瓷工藝空前繁盛，造就了陶瓷工藝的輝煌。十七、十八世紀，中國瓷器透過海路行銷全世界，成為世界性的商品。當時的歐洲市場上，中國瓷器很受歡迎，一六一〇年，在一本名為《葡萄牙王國記述》的書裡就曾盛讚中國瓷器：「這種瓷瓶是人們所發明的最美麗的東西，看起來要比所有的金、銀或水晶都更加可愛。」當然，瓷器價格不菲，在歐洲市場上的售價堪比黃金，因此有不少人千方百計地想仿製中國瓷器。一位法國神父還曾派遣傳教士安特略可到江西景德鎮偷學製瓷技術。

時至今日，中國瓷器仍然以其做工精湛、工藝精美而享譽世界。

57 「賣關子」常用來形容有話故意不說，這「關子」到底是什麼？為什麼可以賣？

說講長篇評書時，最講究「賣關子」，每次總在說到重要關鍵的地方停下來，來個「欲知後事如何，且聽下回分解」，給聽眾製造懸疑，藉以吸引聽眾接著往下聽。「賣關子」也就比喻說話、做事在緊要的時候，故弄玄虛，使對方著急。

為什麼關子能賣呢？這大概和「關子」最初的意思有所關聯吧。古時的關子確實是可以買賣的。宋代時，關子通常指會計、貿易、稅收、開墾土地的憑證，或者空白執照。如陸游《老學庵筆記》卷一載：「宣和間，親王公主及他近屬戚裡入宮，輒得金帶關子。得者旋填姓名賣之，價五百千。雖卒伍屠酤，自一命以上皆可得。」據此可知，這種關子作為提取金帶的憑證，到北宋末年已成為可以買賣轉讓的票據了。到了南宋，政府印刷的一種紙幣就叫「關子」。根據《宋史》記載：南宋高宗紹興元年（一一三一年），婺州出於籌措軍費的目的而印製了一種「關子」。商人用現錢在婺州換取關子，然後到設在臨安的榷貨務兌換銅錢或者鹽引（取鹽憑證）、茶引（取茶憑證）等，可見這種關子有交易憑證的功能。

今天我們所說的關子已經離它的本義相去甚遠了，但仍然保留了「有賣點」這個相似之處。今日所說的關子通常是戲曲行話，專指表演技巧的竅門或情節相間銜接的「扣子」，是小說和戲曲中最懸疑、引人入勝的部分。如果關子「賣」得恰到好處，就能加強戲劇衝突的效果，激發讀者和觀眾的興趣，引發激動人心的故事高潮。

延伸知識──抖包袱

「抖包袱」一詞來自相聲界。相聲裡的「抖包袱」可不是演員真的拿塊包袱皮在舞台上抖來抖去，而只是一個形容的說法而已。相聲講究說、學、逗、唱，為使相聲吸引觀眾就需要一些技巧，「抖包袱」就是向觀眾遞送笑料，屬於「逗」的一種技巧。

其實，抖包袱不僅僅是相聲的主要藝術手段，在評書、數來寶、山東快書、快板書等曲藝形式中也經常使用。演員們不斷製造喜劇情境，抖響「包袱」來豐富演出氣氛，提升觀眾的欣賞興致。技藝精湛的表演者，在長期的演藝生涯中可以揣摩觀眾的心理狀況，並巧妙地用語言一層層繫好「包袱」，在關鍵時刻驀然抖開，以達到逗笑觀眾、警醒世俗的效果。如相聲名家郭德綱就善於「抖包袱」，他手段高明、手法多樣，常先對人物或事物大加讚美，然後峰迴路轉，爆出笑料。相聲《富貴圖》就先把對方一番盛讚，聲稱還要辦慶典祝賀，又提及對方身體有病，嘴上說著「好在病得也不嚴重」，卻忽然「包袱」一抖「SARS愛滋癌」。這種先揚後抑的方式惹得滿堂哄笑。

「包袱」是否能夠抖響，需要許多技巧。常見的過程有「墊」（先作鋪墊，把包袱繫好）、「支」（將聽眾注意力引到反方向，把包袱繫緊）、「刨」（出人意料地解開包袱，刨開事物的實底，引人發笑）、「抖」（抖落包袱，進一步發掘可笑性）。相聲界也講究「三翻四抖」的手法，即對包袱進行反覆鋪墊，到第三翻時才將包袱抖落開來，達到最好的表演效果。這些都是需要演員在長期的表演中學習和累積的。

58

「下海」為什麼成了女子賣身的代名詞？它和大海有關係嗎？

下海這個詞的歷史並不長，最初意思就是指出海。元代張之翰〈再到上海〉詩：「下海人迴蓄貨賤，巡鹽軍集哨船多。」其中下海就是出海的意思。

在古代，出海是一件既辛苦、風險又大的事情。也許因為如此，從「下海」一詞發展出了不少新的涵意。例如，以前在戲曲界，非職業演員轉為職業演員就叫作「下海」；也有說法將舊時下南洋稱為「下海」；或者稱人們闖蕩上海謀求生計為「下海」。這些事多多少少都有些冒險、未知的成分，與面對變幻不定的大海有相似之處。也許是因為海水通常有些渾濁，所以「下海」也有另外的涵意。例如女子從事娼妓稱為「下海」，妓女第一次接客伴宿也稱為「下海」。

關於下海，還有一個小故事。一九二〇年代在上海舞台曾上演過一齣戲曲《洛陽橋》。說的是清朝有個姓蔡的狀元要為家鄉建一座橋，在建橋過程中，橋墩突然打不下去了，當地百姓議論紛紛，說是「海龍王不同意，所以卡住」。狀元只好貼出一則布告，尋找「一位能下得海去的人與龍王面洽架橋事宜」。兩個衙役在酒館裡找到一個名叫「夏德海」的醉漢，來充任「下得海」的人。幾天後，夏德海被帶到海邊，灌醉後扔到了大海裡。看來，這「下得海」風險還真是大啊！

延伸知識——上海是怎麼得名的？

上海具有悠久的歷史。早在春秋時期，吳王就曾於此建立館舍，取名為「華亭」。到了三國，東吳的孫權在這裡建起了水師基地。及至唐朝，朝廷正式設置華亭縣。到了宋朝，這裡的經濟發展，已成為重要的貿易港。南宋之時，上海之名才確立。那時的吳淞江（今蘇州河）南岸有兩條支流，一條稱上海浦，一條稱下海浦。南宋朝廷在此建鎮，治所位於上海浦附近，故取鎮名為上海鎮。這就是上海地名的最初來歷。元朝元世祖至元二十九年（一二九二年），又設立上海縣。為了抵抗倭寇，上海於一五五三年築起了城牆，城市初具規模、發展步伐加快，成為當時最大的棉紡織手工業中心。此後，上海一直是中國重要的貿易港口。

上海還有兩個簡稱「申」和「滬」。這兩個簡稱也各有來歷。戰國時期，楚國貴族春申君黃歇的封地就在此地，他曾帶領百姓疏通了黃浦河道，築建堤壩，造福百姓。後人為了紀念他的功德，就用「申」來代稱上海。另外，由於四、五世紀時，松江（今蘇州河）下游一帶稱扈瀆，所以上海也被簡稱為「滬」。

此外，上海還有個鮮為人知的別稱叫「海上」。明代的《弘治縣誌》裡就記載：「上海縣稱上洋、海上。」這個別稱在清末、民國初期時還很流行。如《海上花列傳》說的就是上海十里洋場的事情。至今，上海還有一本雜誌叫《海上文壇》。人們還稱上海畫派為「海上畫派」。至於上海為什麼有「海上」這個別稱，有學者認為，這可能是因為上海這個地方本是一片汪洋大海，上海這個城市就是建在海上的，故有此稱。

59

「儲蓄」一詞最早見於何時？儲蓄業務從哪個朝代開始出現？

儲蓄一詞出現較早，據戰國時期的《尉繚子・治本篇》一書記載：「民無二事，則有儲蓄。」意思是說，百姓不耕作紡織，那就應有飽暖之物的儲備。《後漢書・章帝紀》也說：「故古者急耕稼之業，至耒耜之勤，節用儲蓄，以備凶災。」這裡提到的儲蓄泛指將節餘下來的財物積聚起來，以備臨時需要。

隨著經濟的發展，儲蓄的內容也發生了變化，逐漸由實物轉為金銀和錢幣。唐代商業日趨繁榮，出現了「櫃坊」。「櫃坊」是代替商賈保管金銀財物的商舖，保存期間要收取一定的費用。這算是中國最早辦理儲蓄業務的專門機構。當時京城等大都市的富商們從安全角度考慮，大多願意付出保管費用，請櫃坊保管不便隨身攜帶的財物，等到需要時再憑「帖」或信物支取。到宋代時，很多「櫃坊」的性質變調，成了聚眾賭博的地方。

為便於貿易往來，明代以後又出現了錢莊、票號、銀號等金融機構。它們一般由私人開設，從事存款、放款、匯兌等金融業務，對存款的儲戶給付一定的利息，與現代的儲蓄業務有共同之處。錢莊與現在的銀行相比風險較大，沒有擔保。如果錢莊老闆破產或者捲款潛逃，儲戶就只能自認倒楣了。中國最早的現代意義上的銀行——中國通商銀行，是光緒二十三年（一八九七年）在上海開業的，從事存款、放款、匯兌、儲蓄等業務。從此之後，銀行先後在各地逐漸建立，形成了新的金融格局。

延伸知識｜古人使用鈔票嗎？鈔票一詞是怎麼來的？

鈔票可是財富的象徵，不僅現代人青睞有加，古人也喜歡使用鈔票這類紙幣，中國甚至是世界上第一個使用紙幣的國家。

中國在唐代後期已經產生了紙鈔的雛形——飛錢，這是一種進行貨幣匯兌的文券，也叫「便換」，性質類似於現代的匯票。

飛錢的使用為後代提供了經驗，宋人由此開始使用紙幣，當時在四川地區出現了紙質鈔票——交子，可算是世界上最早出現的紙幣。最初的交子是一種初具貨幣流通功能的活期存款單，由商人私營的「交子鋪」發行。由於某些商人為謀私利，耍弄手段，交子市場奸弊百出，由此引發的獄訟案件層出不窮。到了宋真宗時期，益州知府張詠開始整頓交子市場。特令十多戶豪民互相連保，共同發行交子。這時的交子採用一色紙印造，還有各個鋪戶的押字和隱密題號，以防偽造。後來由於商人獲利甚豐，交子的發行無定時定額，不免多發空券，造成貶值。到宋仁宗時，朝廷決定設置歷史上第一個官方紙幣發行機構「益州交子務」，由朝廷統一管理發行交子。官方發行的交子上要銘刻六枚不同的大印，防偽功能提升。從此，交子成為宋朝川陝四路的法定貨幣，與鐵錢並行。

南宋時期，官方發行「會子」，使紙幣成為除金銀、銅錢、鐵錢外又一種廣泛使用的貨幣單位。金代也發行過鈔票，可惜未遺留有實物。到了明代，官方也曾發行紙幣，時稱「大明寶鈔」。

雖然古人也用紙幣，但是紙幣不便於長期保存，攜帶中又容易折損磨破，流通區域也受限制，所以在貨幣流通上一直還是以銀兩和銅錢為主。隨著歷史發展，南北商業往來日漸頻繁，人們覺得攜帶銀兩、銅錢極為不方便。一八三五年清朝發行了兩種紙幣，一種叫「大清寶鈔」，一種叫「戶都官票」。它們的計量單位不同，官票以銀兩為單位，而寶鈔則以制錢為單位。因其方便輕巧，很受歡迎，便將兩者合稱為「鈔票」，這一名稱遂流傳後世。此後，老百姓才慢慢接受鈔票，成為日常生活中的主要貨幣。

60 古代中國在國際貿易中十分活躍，那古人有沒有遇到需要兌換「外匯」以便進行國際貿易的問題呢？

自從漢代絲綢之路開通以來，中國就與其他各國不斷進行著貿易往來。當時的國際貿易要克服語言、交通等許多困難，那麼古人有沒有遇到需要兌換「外匯」以便進行國際貿易的問題呢？

古人解決「外匯」問題的方式既簡單也巧妙，就是透過以物易物的方式來避免兌換「外匯」。中國古代國際貿易的歷史很長。從漢代張騫出使西域後，一條從中國通往歐、非大陸的「絲綢之路」就正式開通了。經由這條路線進行貿易的貨物以絲綢最具代表性，因此十九世紀末，德國地理學家李希霍芬將它命名為「絲綢之路」，並獲得了廣泛認可。絲綢之路自漢至唐都有著交流東西方經濟和文化的重要作用。除了絲綢外，中國的煉鐵、鑿井、農業種植等技術傳播到了西方世界，西方文化也對中國的音樂、舞蹈、繪畫、雕刻等產生了深遠的影響。

到了宋代，北方強大的游牧民族政權阻隔了陸上絲綢之路的貿易通道，這一時期的海上貿易空前繁榮。據南宋趙汝適的《諸番志》記載，宋朝約與五十至六十個國家和地區有貿易往來。元代則與近百個國家和地區有海上貿易關係。這些交易一般都是採用以物易物的方式，中國輸出絲綢、瓷器、茶葉等物品，又從國外換來香料、玻璃、胡麻等貨物。各國使者、商人也沿著貿易之路，絡繹不絕地來到中國。明代鄭和七次出使西洋，使中國古代官方貿易到達了頂峰。明代中葉以後，中國海上貿易由於「海禁」和「遷界」而走向衰落。

在古代的國際交易中，除了以物易物之外，黃金、白銀也常常充當實物貨幣的角色。例如明代小說《初刻拍案驚奇》中的〈轉運漢巧遇洞庭紅〉，就描寫了一段到海外做買賣的過程，從中可見海外貿易也有使用金、銀的。

延伸知識 清代的山西票號經辦匯兌嗎？最早的票號是哪一個？

現在，人們旅行或從事商務活動時都不需要帶很多現金，而是帶一張薄薄的金融卡或信用卡就可以了。從這個角度來說，古代商人可比現代商人辛苦多了，他們出外經商時常不得不攜帶重金作為資本，不但攜帶不便，而且容易露財惹禍，如果遇到打家劫舍的匪徒，那可就麻煩了！好在票號的產生解決了這個難題。

明清以來，晉商、徽商逐漸興起，貿易活動十分頻繁。山西的「日昇昌」票號為了方便交易，就辦起了匯兑業務，成為中國第一家私營票號。商人拿著銀票就可以到日昇昌的各個票號換取銀兩。日昇昌由雷履泰於道光初年設立，總號在山西平遙城西大街路南，分號在北京崇文門外草廠十條南口。日昇昌三字預示著票號生意如旭日東昇、繁榮昌盛之意，就如同它的對聯所期望的那樣：「日麗中天萬寶精華同耀彩，昇臨福地八方輻輳獨居奇。」日昇昌票號一出，山西票號如雨後春筍，迅速發展，成為金融界的重要力量。

光緒時，山西票號達到鼎盛，設立的分號幾乎遍及全國，還在國外如朝鮮新義州、仁川和日本大阪、神戶、橫濱、東京等地設立了票號。這些票號溝通了各地區的貨幣經濟聯繫。電視劇《喬家大院》中的喬致庸就把「匯通天下」作為自己的事業目標。山西票號主要經營匯兑和存放款業務，最初以商號和個人為對象，以內陸商埠為重心，咸豐以後又為清政府大量匯兑公款。其業務繁多，觸及諸多方面，如發放貸款、匯兑經費等，業務範圍已有了現代銀行的雛形了。

61 行醫為何也稱為「懸壺濟世」？他們懸的是什麼壺呢？

細心的人會注意到，送給醫生的錦旗上常常寫著「懸壺濟世」、「杏林聖手」之類的話，以誇獎醫生醫術高明、醫德高尚。這裡所說的「懸壺」，其實就是行醫的代名詞。它來源於《後漢書．方術列傳下．費長房》裡的記載：東漢時的費長房是汝南（今河南上蔡附近）人士，曾經是管理市場的小官吏。在他常去的集市上，有一個賣藥的老翁。這個老翁賣藥時會在自己的攤位前懸掛一個壺，等到散市的時候，就跳入壺中。集市上的人都沒有看到他的這個舉動，只有費長房正好在樓上看到了。於是他帶著酒肉等禮物去拜訪老翁。老翁看他心誠，就帶他進入壺中。只見壺裡別有洞天，「玉堂嚴麗，旨酒甘餚盈衍其中」，二人盡興而出。後來，老翁對費長房說：「我是神仙之人，因為犯了錯誤所以才受到責罰。現在對我的責罰期限滿了，我就要離開此地，你是否願意跟我一起離開呢？」費長房於是追隨老者學道，經歷了許多考驗和磨練，學成後返鄉，「能醫療眾病，鞭笞百鬼，驅使社公（指土地神）」，成為一代名醫。傳說，他後來因為失去了護身符，而被眾鬼所殺。

壺公與費長房的傳說，令後世行醫者神往不已，「懸壺」就因此成為行醫的代稱，「懸壺濟世」也就是說醫者治病救人，品格高尚。因為「壺」與「葫」諧音，所以常以葫蘆作為藥舖的標誌，也因此有了「葫蘆裡賣的什麼藥」的說法。

延伸知識　為什麼也稱醫生為「杏林聖手」？

說起杏林聖手的來歷，其實與一位隱居在廬山的高士董奉有關。董奉的故事在《神仙傳》和《太平廣記》裡都有記載。董奉是三國時的吳人，道術甚佳，同時也精通醫術，他常年隱居在山裡卻並不種田，天天給病人看病卻分文不取。他對治好的病人有一個很特別的要求：就是以病情輕重為準，栽種杏樹來回報他。病輕的栽一棵，病重的栽五棵。就這樣過了幾年，竟栽下了十萬多株杏樹，蔚然成林。春季繁花似錦，夏季鬱鬱蔥蔥，董奉就讓山中的鳥獸在杏林中嬉戲。說來奇怪，杏林中從不生雜草，像是專門請人把草鋤盡了一樣。等到秋天杏子成熟的時候，董奉就在杏林裡蓋了一間倉房，並告訴大家，想要買杏的人不用找他，只要拿一罐糧食倒進倉房，就可以裝一罐杏走。有個貪小便宜的人在罐子裡裝了一點糧食倒進倉房，卻從林子裡摘了滿滿一罐杏，結果杏林裡的一群老虎突然吼叫著追了出來。那人捧著罐子倉皇逃跑，一路上掉出了不少杏。他回到家一看，剩下的杏正好和他送去的糧食一樣多，令他倍感慚愧。董奉每年把賣杏得來的糧食都用來救濟貧困的人和在外趕路缺少路費的人，一年發送出去的糧食有兩萬斛之多。他高明的醫術和樂善好施的行為為人稱道。

此後，人們就常用「杏林」、「杏林聖手」代指良醫，用「杏林春滿」、「譽滿杏林」來稱頌醫術高明。也用「杏田」來比喻隱者為民謀利益。

62

「感冒」是一個眾所周知的醫學名稱，可是此詞最早卻出自官場，這是怎麼回事？

感冒也叫傷風，是現代人很熟悉的一種傳染性呼吸道疾病，多發生在冬春季節。但是你也許沒想到，感冒這個現代流行詞，最早卻出自官場。

這事還得從宋代說起。宋代的最高學府是太學，隸屬國子監，負責招收官民子弟學習經典。太學有嚴格的考核、升等制度和管理規定，凡是太學生有特殊情況需要外宿的，都要在請假簿上登記。這個請假簿的封皮上，常按慣例寫上「感風」二字，因此被稱為感風簿。感風一詞與醫學理論有關。宋代醫理學家陳無擇首先把引致百病的原因分為「內因」、「外因」和「不內外因」三大類，其中「外因」又分為「六淫」。「六淫」也稱「六邪」，即風、寒、暑、濕、燥、火，這六種反常的氣候變化對人的身體會產生不利影響。感風的意思就是感受到了風寒，意思是說受到了六淫之首的「風」的侵襲，身體不適，故需要外宿。

太學生在畢業後通常會成為學者或者官員，因此「感風」這個請假理由也順理成章地進入了官場。例如，宋時館閣有規定要求每天晚上安排一名官員值宿，也就是上夜班，這是個辛苦的差事，因此官員們常常以「腸肚不安」為藉口逃避。經過「感風」的啟發之後，不值宿的理由很快五花八門起來，其中尤以寫「感風」、「感冒」、「傷風」的居多。

到了清代，「感冒」更受官員們青睞，是官員請假時最常用的託辭。更到後來，感冒一詞在大眾之間流行起來，便成為上呼吸道感染疾病的俗稱。

延伸知識 古代官員有事怎麼請假，如果逾假怎麼辦？

古代官員請假的理由也是五花八門，除了身體不適，需要請「感冒」等事假之外，還可能因為家有要事、親人過世而請假。

各個朝代請假的具體情況雖不相同，但方式卻很相近。朝廷要員請假要親自向皇帝上疏，說明請假原因，等待皇帝批覆決定；中下級官吏遇事需要請假，則要向自己的主管部門長官報告。下級遇到好說話的上級，請假很容易得到批准，可是上級要是存心刁難，請假便難得應允了。如曹魏時的大司農王思生性多疑，有一次，一個下級官吏因父親病重而向他請假，王思斷然拒絕，認為這只是藉口，害得這位官員連父親最後一面也未見到。

官員請、銷假制度有嚴格的規定，如果逾假不歸甚至可能被免去官職。隋唐五代以及宋朝，一般情況下官員每月只能請假三日，超過三日的就要罰俸。每個朝代的病假時間幾乎都為三個月，一百天左右。如果超過百天，而且沒有上級部門的延長指示，就會被免官，官職由他人遞補。逾假的官員，假滿要回吏、兵部聽候安排其他職務，原則上是要降級任用。

古時喪假的時間比較長，臣子必須要守孝三年，以盡孝道，也叫「丁憂」，帶有強制性。古代帝王為了彰顯孝道，一般都會准許喪假，甚至允許官員因喪不辭而別。如《天府廣記》記載：明洪武八年（一三七五年）三月，詔令百官聞父母喪，不待上報，允許去官。但如遇特殊情況，喪假也會被縮短或者被朝廷拒絕。如明朝的張居正因父親去世，上疏請假丁憂，萬曆皇帝因張居正當時擔任首輔公務繁忙，三次拒絕他的請假，以半懇求半命令的語氣讓他留在朝廷，甚至以太后懿旨的名義阻攔。

此外，官員還有常規假期，一般都會給假。如唐朝規定可以請定省假，三年可以准許官員探望父母一次，共三十五天；還可以請婚假，時間為九天。

63 韓國有醫女「大長今」，中國古代有女醫生嗎？

韓劇《大長今》的播出，幾乎引爆了兩岸三地乃至東南亞的收視熱潮。觀眾被劇中濃厚的文化內涵和主人翁頑強的奮鬥精神所吸引，醫女長今也成為了一些青年人的勵志楷模。欣賞電視劇之餘，人們不禁要問，古代中國是否也有像長今一樣的女醫生呢？

其實，中國的女醫制度由來已久。早在西漢時期，中國就已專門設有「女醫」一職，其職責為「視產乳之疾」。兩漢時期出現了不同性別的御醫。為皇后、公主等女性皇室成員看病問診的女醫生就有女侍醫、女醫、乳醫等。

據史料記載：生活在西元前一二八年前後的著名醫生義姁，是中國史書記載中最早的女醫生。義姁是山西人氏，她自幼聰明伶俐，勤學好問，對民間醫藥十分偏愛，累積了豐富的經驗，還經常自己採集草藥送給百姓治病。後來她乾脆懸壺濟世、救濟百姓，深受大家的愛戴和歡迎。她技術精湛、醫德高尚，尤為擅長婦科，因此名滿天下。漢武帝得知她的名望後，對她的醫術親加驗證，並將她召入宮內，賜以職號，專門為皇太后治病。她也由於自己的醫術和醫德而深得太后的信任。

除此之外，古代女醫生代不乏人。晉代著名的煉丹家葛洪之妻鮑姑，就是一代女名醫。她長期跟隨丈夫煉丹行醫，為民治病，嶺南一帶民眾甚至尊稱她為「鮑仙姑」，傳說「艾灸」就是她發明的。在與韓國大長今相近的時代，明朝有位女醫叫談允賢，她專治婦科病，醫術精湛，遠近聞名，還曾寫著一部《女醫雜言》傳給後人。另外宋朝的張小娘子、清朝的曾懿，都是遠近馳名的女醫生。

延伸知識｜古代朝鮮的醫女制度是怎樣的？

雖然古代中國有女醫制度，但並不如古代朝鮮一樣嚴明。明代天一閣所藏的《天聖令》之〈醫疾令〉中的「女醫」一條簡要記載了唐代的女醫制度：「諸女醫，取官戶婢年二十以上三十以下、無夫及無男女、性識慧了者五十人，別所安置，內給事四人，並監門守當。」從中可以看出，古代的女醫近似於宮女，一般是沒有結婚的年輕女子，即使有丈夫也要沒有子女。古代的醫生實際上仍然以男性為主。即使在婦科診斷上，男性醫生也佔據主導地位。僅僅在婦女生育時，才會尋找女性為其接生。這些接生者俗稱「穩婆」，不過是有一些接生經驗的人，並不是專職醫生。

相對而言，古代朝鮮的醫女制度較為完善。朝鮮的醫女制度是太宗六年（一四〇六年）建立的。朝鮮接受了中國的儒學思想，男女有別的觀念深入人心，內宮女眷忌諱男性醫官為其診治，即使病入膏肓也不就醫，甚至引發死亡。醫女制度便在禮教思想嚴重的朝鮮應運而生。最早的醫女只是擔任看護工作，多由賤民身份的婢女充任。由於醫女職位低下，屬於官婢，是賤民階層，因此除了貧苦百姓，很少有人願意充任醫女。被選任的醫女，會在惠民署學習醫療技術，學成後或選入宮廷為後宮嬪妃護理，或送回故鄉從事醫療工作。醫女有嚴格的獎懲規定，每月都要接受考核，成績優異者可獲俸祿。她們在接受醫學教育前，還需先修讀《千字文》、《孝經》等儒學作品，以便培養濟世救人的高尚品德，然後才學習看病、助產、把脈、針灸等醫術及研讀醫書。

根據記載，燕山君時醫女制度逐漸變質，醫女常被派往參加各種飲宴、充任宮中儀式的儀隊，甚至從事賜送毒藥等活動。中宗即位後，費盡心思矯正前人惡習，明文禁止召喚醫女出入飲宴場合，但一時積習難改。醫女雖有學識醫術，卻是受到非人道對待的賤民，甚至與妓女待遇相同，稱為醫妓。這些接受文化教育的醫女，雖然有相當豐富的知識，卻依然要過著辛酸的生活。

64 什麼人才能「活見鬼」呢？

從科學的角度來看，世界上是沒有鬼的，因此更不可能「見鬼」。但古人卻相信有鬼，並且相信人能見鬼。那麼，什麼人容易「見鬼」呢？

一是巫。三國時吳國人韋昭在注《國語》時說：「巫覡，見鬼者。」（《國語・楚語下》）東漢王充《論衡・訂鬼》篇說：「巫黨於鬼，故巫者為鬼巫。」這些人似能自由進出陰陽兩界，溝通人鬼。他們是古代的職業見鬼者，多半也能從「活見鬼」中得出利益。

二是患癲狂症或病入膏肓的人。《黃帝素問靈樞經・癲狂》說：「狂者多食，善見鬼神。」這是說患癲狂症的人容易見鬼。病入膏肓者和患癲狂症的人一樣，也能見鬼。因為病重而見鬼的事，古書中多有記載。南齊梁人陶弘景《真誥》卷十五注云：「昔有人病，在地臥，於病中乃見鬼於壁穿下，以手為管而吹之，此即是鬼吹之事也。」《南史・徐嗣伯傳》說：「沈僧翼患眼痛，又多見鬼物。」

三是兒童也能見鬼。南朝宋劉義慶《幽明錄》記載說：「有一傖小兒，放牛野中，伴輩數人，見一鬼，依諸叢草間，處處設網，欲以捕人；設網後未竟，傖小兒竊取前網，……即縛得鬼。」鬼要捕人，反被人捕。南宋洪邁《夷堅丙志》卷一〈九聖奇鬼〉中說，薛季宣鄰家鬧鬼，也只有薛的兒子和兩個小外甥看得見那些「神將」。

另外，有些人似有特異功能，生而能見鬼。託名陶淵明撰寫的《搜神後記》卷六記載說：「晉淮南胡茂回，能見鬼。雖不喜見，而不可止。」胡茂回不喜歡這樣的稟賦，但有些人卻想盡辦法，透過修煉法術來獲得見鬼的功能。如唐代《冥報錄》中記載的睦仁蒨，他想驗證鬼神的有無，就「見鬼人學之，十餘年不得見」。可見，這類法術也不是想學就學得來的。

要想見鬼，立竿見影的辦法則是服藥。一類藥是先使人致狂，進入類似癲狂的境界後再見到鬼。如南宋范成大《桂海虞衡志・志果》中提到龍枝殼「不可生啖，令人發痫，或見鬼物」就是此類。另外一些藥則無需使人發狂。晉葛洪《抱朴子》云：「青雲芝，生於名山之陰，大青石間。……以陰乾食之，令人壽千歲不老，能乘雲，通天見鬼神。」此藥過神，恐為虛傳。而有些藥則在中藥鋪中就能買到。《重修政和證類本草》的《麻子》一條云：「要見鬼者取生麻子、昌蒲、鬼臼等，分杵為丸，彈子大。每朝向日服一丸，服滿百日，即見鬼也。」這可真是簡便易行了。

如今的俗語「活見鬼」多與鬼神無關，而是用來形容事情的離奇、不合情理。

延伸知識——鬼有生老病死嗎？

南朝宋劉義慶《幽明錄》中有這樣一個故事：劉道錫不信鬼，但他的堂兄興伯信鬼，並且能見鬼。一天，興伯對道錫說，你家廳堂東頭的桑樹上有一個小鬼，長大了必然害人。道錫便在一個無月之夜藏於暗處，用一把戟朝興伯所指之處刺去。次日清晨，興伯驚道：「此鬼昨夜那得人刺之，殆死，都不能復動，死亦當不久。」從這則記事中，我們可以知道，古人認為鬼不但會長大，而且也會死。

先從鬼的出生開始說。人死為鬼，人死即鬼生——這是鬼間繁衍的方式。有意思的是，民間故事中，鬼也和人一樣，需要接生。清人陸長春《香飲樓賓談》卷一記載說：杭州清波門外有一徐姓穩婆（接生婆）。一日，幾個人模人樣的鬼輕車快馬地請她去接生。在她的幫助下，鬼婦順利產下一個嬰兒，群鬼千恩萬謝，又是付錢，又是款待吃麵、吃肉。只是錢是紙錢，麵條是蚯蚓，肉是癩蛤蟆變的。此外，還有不少人鬼婚戀生子的故事。據《世說新語・方正》記載，陸機曾斥盧志為「鬼子」，也就是說他是鬼的子孫。陸機依據的是當時一個傳說：崔少府家有女未嫁而亡，其魂與盧志先世盧充有一段人鬼姻緣，並育有一子。

鬼還可能會生病，得看大夫。《太平廣記》記載：徐文伯善醫，其子秋夫亦善醫道。一日，秋夫聞一鬼痛苦呻吟，說自己腰痛難忍，請秋夫為他醫治。秋夫說，鬼無形，要如何醫治？鬼說，你做個草人針刺穴位即可。秋夫按照鬼說的做了，並設祭將草人埋葬。第二天，果然有一人來謝他解除疾患，言畢即不見。

鬼有生、因此也有死。《太平廣記》中的〈睦仁蒨〉條記載，睦仁蒨問一個名叫成景的鬼說：「鬼有死乎？」成景回答：「然。」又問：「死入何道？」答：「不知。」這就如同人不知死後如何一樣。不過還是有人探討鬼死之後的問題。《聊齋志異・章阿端》說：「鬼死為聻。鬼之畏聻，猶人之畏鬼也。」只是不知道這「聻」死了之後又是什麼了。有趣的是，鬼死之後也有墓地。《太平廣記》中記載了一個叫許琛的人到鬼域鴉鳴國遊歷，看到該國有一大塊空地，就問黃衫鬼使這塊地是做什麼用的。鬼使答道：「人死則有鬼，鬼復有死，若無此地，何以處之？」意思是說，這就是鬼的墓地了。

65 「娼」和「妓」有什麼區別嗎？古代娼妓供奉的保護神是誰？

「娼」和「妓」的本義接近，只是字的來源不同。古時「娼」與「倡」相通，《說文解字》解釋說：「倡優，女樂也。」指從事歌舞的女藝人。「妓」則與「伎」通，《說文解字》對它的解釋是：「妓，女樂也。」後世辭書如《康熙字典》等也將「妓」解釋為女樂。可見娼與妓最初都是指歌舞女藝人。後來，娼和妓的詞義發生了轉變，均指賣笑的煙花女子。因為兩個字的意思相近，所以慢慢合併為現在常見的詞「娼妓」。

色情行業的歷史悠久，行業保護神也有數種不同的說法。據《戰國策》記錄：「齊桓公宮中七市，女閭七百，國人非之。」有記載解釋說，這就是指齊相國管仲開設的公營妓院，所收取的錢財都歸國庫所有，用於軍費開支。清人紀昀在《閱微草堂筆記》中就說：「娼族祀管仲，以女閭三百也。」因此，明清時揚州等地的妓院裡常供奉的祖師爺就是管仲。妓院裡不僅設有管仲牌位，妓女們還要給管仲叩頭燒香，以祈求生意興隆。

除管仲外，娼妓們信奉的神靈還有白眉神。明代沈德符《萬曆野獲編・補遺》形容說：白眉神長髯偉貌，騎馬持刀，與關像（指關羽像）略肖，但眉白而眼赤。有學者考證，白眉神的原型其實是春秋時赫赫有名的盜蹠。他是賢人柳下惠的弟弟，卻是一個「橫行天下，暴侵諸侯」，崇尚「盜亦有道」的大盜。他在後世受到娼妓的膜拜，徐珂的《清稗類鈔》中提到：「娼家魔術，在在有之，北方妓家，必供白眉神，又名妖神，朝夕禱之。」妓女們對白眉神非常尊敬，「教坊娼女初薦枕於人，必與其艾豭（即嫖客）同拜此神，然後定情。南北兩京皆然也。」

此外，據說八仙之一的呂洞賓也是妓院供奉的神靈之一。這大概是因為他遊走市井時常點化娼妓，故博得妓女尊重。

延伸知識｜娼妓在古代是合法的嗎，有沒有被禁止過？

娼妓在古代社會基本上都是合法的。在先秦時期，娼妓一直由國家管理，並收取相應的費用。娼妓們不僅要倚門賣笑，還要學習歌舞彈唱，博取客人青睞。

兩晉南北朝時期，娼妓數量也逐步增多，並出現了達官貴族豢養的家妓。例如西晉巨富石崇就蓄養了無數美女供取悅享樂，聞名後世的佳人綠珠就是他的家妓。《世說新語・汰侈》

中記載，石崇家宴客通常以美人勸酒，倘有賓客飲酒不盡，便下令斬殺美人。而大將軍王敦始終滴酒不沾，即使連斬三位美女，依然無動於衷。可見當時娼妓只是貴族淫樂的工具，身份卑下。

唐代以後，朝廷讓娼妓業成為合法行業，官妓、私妓共同存在，娼妓業逐步興旺。文人官員眠花宿柳，出入煙花場所是很平常的事情，「十年一覺揚州夢，贏得青樓薄倖名」就是風流文士的寫照。風情萬種的妓女往往是文人心目中夢想的異性。唐代的著名詩人元稹、白居易、張籍、王建等都曾留戀溫柔鄉，與名妓薛濤關係密切。當時都城長安城北諸里，妓院眾多，以致後代把妓院所在稱為「北里」。宋代之初，娼妓依然盛行，甚至皇帝也會宿妓。民間傳說宋徽宗曾私建地道，直通李師師的臥房，以方便來往。

直到明代，朝廷裡還有「教坊司」的設置，名義上管的是歌舞女子，其實都是官妓。這些官妓多是犯了重罪的官員女眷。由於明代程朱理學的興起，倫理觀念逐漸強化，出入妓院有違道德規範，而且容易導致官員懈怠誤事，所以朝廷也曾嚴令禁止官員嫖妓，可惜效果並不顯著。官吏往往陽奉陰違，嫖娼記載仍比比皆是。清朝雍正時曾詔令廢除了教坊司，不但取消了官妓，只留下「樂戶」開設的妓院，還明確規定大小官員一律不得嫖妓宿娼，違者重處。但出入煙花場所的士人依然大有人在。

66

在戲劇節目中經常看到清軍士兵的背上貼著「兵」和「勇」這兩個字，「兵」和「勇」有什麼區別嗎？

戲劇節目中的清代官兵身上常會出現「兵」、「勇」二字，這兩類士兵有什麼不同嗎？

兵和勇在字義上就有區別：兵指兵卒、士兵，是正規軍隊中的服役人員。勇則多指勇士，形容勇敢、有武力的人，不一定是服役的士兵。由此可見二者並不能等同視之。清代「兵」和「勇」的稱呼與當時的軍隊設置有關。清史記載：「兵」是清朝國家的常備武裝力量，包括八旗軍和綠營軍。八旗軍是滿族的主要部隊，由太祖努爾哈赤建立，有正黃旗、正藍旗、正白旗和正紅旗，以及鑲黃旗、鑲藍旗、鑲紅旗和鑲白旗。其中正黃、正白和鑲黃為上三旗，隸屬親軍，其餘為下五旗。而綠營兵則是清軍入關後為彌補滿軍的不足所建立的漢人部隊，這種軍隊以綠旗為標誌，以營為建制單位，故稱綠營兵（也叫綠旗兵、營兵）。八旗乃是滿人軍隊，深受朝廷重用，所以作為國家精銳部隊，大部分紮營京師掌管北京安全；綠營兵則遍布全國各地，人數眾多，一般戲劇節目中所說的大軍應該多是綠營兵。

清代把戰爭時期臨時招募的兵叫作「勇」，如勁勇、募勇等。這是因為常規的「兵」在特殊時期不夠用的緣故。雍正、乾隆時期都曾有過遇到突發戰事就地臨時招募軍隊的事情。這些「勇」只是地方招募的臨時兵，一等戰事結束就得卸甲歸田。到鎮壓太平天國運動時，曾國藩靠招募鄉勇建立了湘軍，由此將「勇」納入兵制，成為國家的正規軍。

延伸知識 清代官員如何從朝服上區隔身份？

在封建社會中，服飾是一個人身份地位的外在標誌。據說從舜開始，衣裳就有「十二章」之制，即古代天子的服裝上要繡繪十二種圖像：衣繪日、月、星辰、山、龍、華蟲，稱上六章；裳繡宗彝、藻、火、粉米、黼、黻，稱下六章。是天子獨有的服飾圖案。而平民穿衣，則不准有紋飾，被稱為白衣。

官員朝服上的圖案也與官員的級別息息相關。朝服是大臣們上朝奏事、謝恩盛典，甚至是死後殮葬的服飾。死後標明身份的榮耀還可以恩及親屬，例如二〇〇一年春天發現的安徽碭山香屍，女屍就身穿帶有麒麟補子的霞帔，這是一品武官誥命夫人的服飾，顯示其高貴的地位。

補子是一塊三十至四十公釐見方的綢料，上面織繡有不同的紋樣，再縫綴到官服上，前胸後背各有一塊。就清代官員的朝服而言，文官衣服上常飾以各種飛禽，武官服飾上則飾以各種走獸來區別等級。具體來說，文官朝服的圖案依次為：一品鶴，二品錦雞，三品孔雀，四品雁，五品白鷴，六品鷺鷥，七品鸂鶒，八品鵪鶉，九品練雀；武官朝服的圖案依次為：一品麒麟，二品獅，三品豹，四品虎，五品熊，六品彪，七品、八品犀牛，九品海馬。有趣的是，清代官員的補子是由官員按照典章制度，到專門出售補子的商店自行採購的，因此常出現同級官員補子的做工不甚相同的情況。更有甚者，還出現了創新圖案。如清代乾隆時期有一位名叫金簡的大臣，他以武二品（獅子）八旗都統兼任文二品（錦雞）戶部侍郎，於是別出心裁的在補子上繡了一隻尾巴上有隻錦雞的獅子。結果受到乾隆帝的批評，責令他改正。

除此之外，皇帝還會賞賜給個別大臣以賜補，圖案有鬥牛和飛魚兩種。清代王爺貝勒們的補子則以龍蟒為主要圖案，是一般官員不能僭越的。

67

戲曲中有生旦淨末丑的行當，它們是怎樣命名的？

中國戲曲的角色名稱和分類及其來歷，自唐宋以來就說法不一。但整體傾向是：一代比一代複雜，一代比一代制度化。在唐代，有參軍、蒼鶻和假婦人（旦角）之分。在宋代，有末泥、副末、副淨、引戲、裝孤、雜扮以及裝旦等角色。在元代，有正末（末泥）、小末、副末、沖末（二末）、來兒、淨、副淨、中淨、孤、外、丑、孛老、邦老、正旦、貼旦、花旦、搽旦、色旦、外旦、旦兒、大旦、小旦、老旦、卜兒等。在明代，有生、小生、副末、小末、淨、副淨、外、丑、小丑、雜、正旦、貼旦、搽旦、小旦、老旦等。在清代，有老生、小生、末、娃娃生、大花臉、二花臉、三花臉、青衣旦、花旦、花衫、彩旦、刀馬旦、老旦等。

這數十種角色，如按照性別、年齡和個性等特徵來分，可簡化為生、旦、淨、末、丑五大類。近代以來，各劇種逐漸把「末」行歸入「生」行，因而實際上可簡分為生、旦、淨、丑四類。

至於這四個行當命名的意義，則眾說紛紜。正如王國維《古劇角色考》一書所說：戲劇角色之名，自宋元迄今，約分四色，曰：生、旦、淨、丑，人人之所知也。然其命名之義，則各說不同。

一是胡應麟《少室山房筆叢》的「反言說」，即以相反的說法來命名行當的特色。例如生行：「曲欲熟而命以生。」意思是扮演生角的演員應嫻熟於戲文曲譜，因此反而命名為「生」。「婦宜夜而命以旦」則是說，婦女本來適宜在夜間紡紗、織布、操持家務，因此反其意而名之為「旦」（指早上、白天）。淨角的臉上常畫有各色臉譜，塗個花臉當然不乾淨，因此「塗汙不潔而命以淨」，

二是徐渭《南詞敘錄》的「省文說」。他認為「生即男子之稱」，就是將「男子」簡稱為「生」。同理，旦是「花担」的省文，指女子；「古參軍二字合而訛之」便為「淨」，即「淨」是從「參軍」二字拼合省稱而來；丑的來歷就簡單多了——「以墨塗面，其形甚丑」，所以直接叫「丑」。

三是周祈《名義考》所主張的「獸名說」。他認為生乃「狌」，狌就是猩猩（一說黃鼠狼）。依此類推，「旦，狚也。」狚是一種像狼的野獸；「淨，猙也。」猙是一種形如赤豹、五尾一角、音如擊石的野獸；「丑，狃也。」狃是指獸的腳趾。

四是祝允明《猥談》的「俗語說」。他認為：「生即男子」；「旦曰裝旦色」；「淨曰淨兒」。

這上四種說法，到底孰是孰非？還真是難以確定。

延伸知識 生、旦、淨、末、丑各指什麼？

生：京劇中的生行指男性角色，分為老生、小生和武生。老生一般以唱工為主，也有一種做工老生，專以念白和表情見長，代表人物是周信芳。唱做之外還注重兵器武打的老生，叫文武老生。小生指青年角色，又細分為巾生、窮生和官生。小生中有三大著名流派，代表人物分別是姜妙香、俞振飛和葉盛蘭。武生指會武藝的人物，分為長靠和短打兩種。武生還可分出年紀大些的武老生和年輕一些的武小生。像周瑜這類既風流瀟灑又可以上戰場的小生，則被稱為文武小生。

旦：指女性角色，按年齡分為老旦和小旦；按性格分青衣和花旦；按武功分為武旦和刀馬旦。老旦指一般老年婦女，唱與念用真嗓，近似老生，動作比生角帶有女性色彩。花旦代表性格活潑、天真和潑辣的青年女子，服裝以襖褲為主，表演上著重京白與各種動作。武旦，顧名思義是指會武藝的女性角色。其表演動作既要英勇善戰，又要婀娜多姿。後世出現了一個新行當「花衫」，打破了青衣與花旦的界限，並吸收了一些刀馬旦的特點，為王瑤卿和梅蘭芳所創。

淨：也叫花臉，臉上常塗抹大量顏色，是性格與相貌有特點的男性角色。用寬音，鼻音和假音演唱，講究胸腔和顱腔的共鳴，一般多念韻白。重唱工的淨叫「正淨」，也叫「大花臉」

或「銅錘」。側重表演身段、功架與對白的淨叫「副淨」，也叫「架子花」或「二花臉」。淨的表演形式是最誇張的，尤其是臉面的化妝，塗上各種圖案和花紋。對於不同人物的臉有各種不同規定的圖案。

末：傳統戲曲角色行當，扮演中年男性。宋雜劇中已有末出現。明清戲曲都有這行，表演上基本與生、外相同。近代有些劇種（如京劇）中，末行已逐漸成為生行的次要腳色，如《李陵碑》的楊六郎、《文昭關》的皇甫訥等即規定由末扮演。但有些劇種（如漢劇等）則仍將其視為一個主要行當。

丑：通常是相貌醜陋的人物，一般在鼻子處勾畫一塊白，所以也叫「小花臉」。丑主要分武丑、文丑和一般丑三種。武丑是會武藝的丑角，又叫「開口跳」，這是因為他們擅長念白和跳躍之故。文丑是不會武藝的丑角，常常是滑稽可笑的人物。年老詼諧的人物為「老丑」，如《女起解》裡的崇公道。「彩旦」一般指年齡較輕，扮相特別誇張的女性丑角。

68

皇帝每天吃什麼食物呢？

俗話說「民以食為天」，皇帝也不能免俗，吃也是他們生活中的一件大事。不過皇帝作為至高無上的統治者，在飲食方面自然更挑剔、更講究。

明朝萬曆年間御膳房的食料清單上曾記載了皇上一天要享用的食材：一二六斤豬肉，五隻鵝，三十三隻雞，六十隻鵪鶉，十隻鴿子，二十斤香油，二十三斤麵。此外還有其他各色物品，如十六斤核桃、八斤白糖等等。不管皇帝是不是在一天之內都能吃掉這些東西，反正當時帳面上就是這樣記載的。以當時的物價計算，皇帝一頓飯約合白銀十六兩，大概相當於現在上萬元台幣。

清代對帝王膳食的記錄十分詳細，皇帝每天吃兩頓正餐，其間吃一些小點心墊肚。從乾隆時期御膳房太監每日記錄的「照常進膳」中，我們可以大致看到清代全盛時期帝王的日常飲食。乾隆皇帝一般寅正三刻起床，御膳房即獻上冰糖燉燕窩一品，作為早點。偶爾不用早點的話，就在卯時用早膳。日常早膳通常是葷菜八樣，及小菜、醃菜及點心等。中午沒有正餐，乾隆皇帝一般會吃一種叫「八珍糕」的點心，這是用人參、茯苓、山藥、扁豆、薏米、炒芡實、建蓮、肉粳米麵、糯米麵混合研細，加上白糖之後和勻後蒸出來的糕點，深受乾隆的喜愛。晚上開飯多在未正二、三刻，菜色數量多與早膳大同小異。皇帝晚上還吃宵夜——稱為「晚向」——多吃酒膳、果餅或者油酥點心。由此可見，皇帝的日常飲食與民間富戶的差距並不大，並沒有想像中的那麼奢侈。

不過在特殊時期，皇帝的飲食也有特殊要求。例如到了過年過節，皇帝要大宴群臣，僅一桌需要的食材就有：六十五斤豬肉、二十五斤野豬肉、十五斤鹿肉、二十斤羊肉、二十斤魚、肥鴨一隻、菜鴨七隻、肘子三個、關東鵝五隻、野雞六隻、鹿尾四條，酒水飲料另算。雖說花樣繁多，不過對皇帝來說畢竟是公務應酬，因此真正吃到肚子裡的東西並不多。此外，在祭祀等特殊時期，皇帝也要遵守齋戒的規定，不飲酒、忌蔥蒜，有時還只能吃素食。

延伸知識｜古代的廚師

人們以吃飽為基礎外還希望能吃好，因此就有了專門以烹調為職業的人——庖人，也就是後世所說的廚師。要說最早與廚藝有關的故事，要算彭鏗了。他是帝堯時代的人，因為向堯進獻美味的「雉羹」而被封於大彭（今江蘇徐州）。屈原的《楚辭・天問》中有「彭鏗斟雉，帝何饗」之句，就是指這個傳說。據說彭鏗還善於食療養生，活了八百多歲，被後人稱為彭祖，是廚師行業的祖師，他烹製的雉羹也算是典籍記載中最早的名饌了。如今，在江蘇徐州龍山北麓還有一口古井，相傳就是彭鏗取用烹調水的地方。

彭祖算是客串的廚師，而夏末商初的政治家、軍事謀略家伊尹則是專業廚師出身。他後來輔佐商湯創立了商朝，並在商湯去世之後輔佐三代商王，世稱賢相。據史書記載，伊尹曾以美食為引子，道出了一番治國之理，說服商湯興國安民、圖富求強。伊尹雖然沒有在歷史上留下什麼名菜，但畢竟是開國元勳、一代重臣，因此也被後人尊為廚師之祖。

自周代開始，就有了專管供膳的官——庖人。《周禮・天官・庖人》明確解釋了庖人的職務範圍：「庖人掌共六畜、六獸、六禽，辨其名物。」可見古人對飲食的重視。考古實物也有很多與烹飪有關的發現。如山東諸城前涼台發現的漢代畫像石上就有很多烹飪活動的場面。三國時期墓葬裡發現的廚俑，他們的打扮、動作都表現得非常生動。

以善於烹飪美食而獲得高官厚祿的例子也不少。如《宋書・毛修之傳》：毛修之被北魏擒獲後，做美味羊羹進獻給尚書令，尚書「以為絕味，獻之武帝」。武帝拓跋燾也覺得美不勝言，十分高興，於是提拔毛修之為太官令。後來毛氏又以功擢為尚書、封南郡公，但太官令一職仍然兼領。《梁書・循吏傳》也記載，孫謙精於廚藝，常常給朝中顯要官員烹製美味，以此聯絡感情。在謀得供職太官的機會後，皇上的膳食都由他親自烹調，他不怕勞累，深得賞識，

「遂得為列卿、御史中丞、兩郡太守」。

到了宋代，有了宮廷女廚的記載。南宋高宗時有一位叫劉娘子的宮中女廚，是典籍中最早記載的宮廷女名廚，人稱「尚食劉娘子」，宋何薳所著《春渚紀聞》中說她「每上食，則就案所治脯，多如上意」。到了元代，大廚們已經有了專用衣服、圍裙及廚師帽子，廚師帽高高的，與今天廚師所戴的帽子還有幾分相似。

69

中國大陸很多機構中都有「書記」、「書記員」之類的職務，「書記」這個說法是怎麼來的？

「書記」在中國大陸是人們很熟悉的詞語，主要指政黨、團體等組織的各級負責人。有人認為「書記」一詞源於日語，最初的意思與現在的「秘書」接近，指負責會議記錄，整理文書公案的人。後來此詞的意思發生了變化，變化以後的詞意又傳回到了日本。其實中國本來就有「書記」一詞。例如唐代詩人高適、岑參皆任邊塞幕府「掌書記」的職務，《水滸傳》裡的魯智深所住寺廟裡也有「書記」。這些「書記」都是指掌管文書、檔案的小職員。

「書記」這個詞語本身雖然不是舶來品，但現在中國大陸將負責人稱為「書記」、「總書記」的習慣，卻是源於國外的。據說，馬克思與恩格斯曾在巴黎會面，商討成立「共產主義通訊委員會」（後更名為共產黨）的事宜。恩格斯問馬克思，該怎樣稱呼這個組織負責人，馬克思毫不猶豫地回答：就叫「書記」。在一八五〇年左右的英、法、德等國，已經實行頗為完善的政府公務員制度。但是這些制度，仍然深受封建官僚等級制度的影響。當時的「書記」，是級別很低的負責事務性工作的小員工，也許馬克思將組織負責人稱為書記，也是希望擔任這個職務的人能夠勤勤懇懇為大眾服務。後來在中國大陸，書記一詞的語意就逐漸演變，廣泛指稱各類組織的負責人。

延伸知識　古代的「書記」主要負責什麼事情？

書記最初是指文字、書籍、文章等。後來演變成官名（稱為掌書記或書記），就是指負責公文、書信的人。古代的「書記」的職責接近於今天的「秘書」，主要負責事務性的服務工作。他們輔佐官員處理大小事務、記錄重要的檔案，由於工作性質，此職位一般會受到官員的重視。因此書記一職雖然官位低，但是卻有機會參與政事。唐代，在一些軍事重鎮設立節度使，其屬官就有參謀、掌書記等。他們主要掌管官員朝覲、祭祀、祈祝之文以及相關文書寫作等事。這些「掌書記」官職較低，幾乎沒有實質的權力，如同官衙裡的師爺，但是因為他們和節度使關係密切，對一些問題也有獨到的見解，往往受到節度使的重用，常有機會被提拔，例如邊塞詩人高適、岑參均藉此職逐步升官。因此，很多士人依然希望藉此從政，以圖仕途有進。

後來各州也設有掌書記一職，屬府衙屬官，掌管箋奏公文。宋代文學家蘇轍就曾於熙寧六年到熙寧九年（一〇七三—一〇七六年）任齊州（今山東濟南）掌書記。在任期間，蘇轍於公務閒暇之時遍覽湖光山色，寫下優秀詩文近百篇，為濟南增添了一份深厚的人文內涵。隨著朝代更替，掌書記一職並未廢棄，地位反而提高，深得重用。明代大臣李善長就是從朱元璋的掌書記一職開始，最後當到了丞相。

70 一件事情前所未有或首次出現，人們常常說「破天荒」，這種說法從哪裡來的？

人們常用「破天荒」一詞來比喻前所未有或第一次出現的事情。追根溯源，這個詞來源於《唐摭言》中的一個小故事。五代王定保撰寫的《唐摭言》中記載：唐代的荊州南部地區（今湖北），文氣凋零，學風不盛。大約四、五十年，都沒有人中過科舉、金榜題名。要知道，通過科舉考試進入仕途從政，一直是古代讀書人不懈追求的夢想。士子們要是得不到功名，必會被人輕視，受到奚落。因此，人們便戲稱荊南地區為「天荒」。所謂「天荒」，本來是指亙古未開化的原始狀態，荊南之所以被稱為「天荒」，則完全是為了嘲弄這裡是沒有舉人的偏僻落後地區。直到唐宣宗大中四年，荊南舉子劉蛻一舉考中進士，這才破了天荒。當時魏國公崔鉉鎮守荊南，贈給劉蛻「破天荒」錢七十萬，劉蛻不受，回書謝道：「五十年來，自是人廢；一千里外，豈曰天荒。」「破天荒」的說法由此而來。宋代孫光憲所著《北夢瑣言》也保留了相關記載。

這個故事被後代文人津津樂道，宋代大文豪蘇軾就有詩云：「滄海何曾斷地獄，宋崖從此破天荒。」

周必大亦有詩云：「絳帷幸得天荒破，日日當為問道人。」元人柳貫詩曰：「會見天荒破，端令士氣粗。」這些詩句都含有期望得志揚名的意思。後世，這個詞語便用來形容創舉或頭一次出現的新鮮事了。

延伸知識　古代神話中「天荒」之前的世界是什麼樣的？

「天荒」是古人對於天地之初的一種想像，指亙古未開化的原始狀態。人類產生之後，對於天地的形成加以追尋，不斷思索著宇宙產生的原始狀態。上古的很多神話傳說都曲折表現了古人對天地之始的理解，諸如葫蘆神話、洪水傳說等都是這種想像的智慧結晶。其中，「鴻蒙初辟」的故事便是此類傳說的典型。

這個世界究竟是從哪裡來的？《太平廣記》引三國時期徐整《三五歷記》中的記載說：在天地未曾出現之前，宇宙不過是一片混沌，就像雞蛋一樣。裡面沒有光，沒有聲音，黑暗一片，毫無樂趣。盤古就出生在這片混沌裡。經過了一萬八千年，陽清的物質逐漸上浮成為天，陰濁的物質逐漸下沉成為地，這樣就有了天地。盤古在天地形成的過程中，一日九變，神聖過於天地。此後，天每天高出一丈，地每天加厚一丈，盤古氏本人也每天長高一丈，頂天立地。就這樣，又過了一萬八千年，蒼天高不可及，大地厚不可窺，整個天地的形狀得以穩定。後來盤古去世了，他身體的各個部分就變成了太陽、月亮、星星、高山、河流、草木等等，一切自然萬物逐漸得以繁衍生成。再往後才是三皇五帝的時代。古人將宇宙形成前的狀態稱為鴻蒙，因此盤古故事也可以稱為鴻蒙初辟，或者開天闢地。

71

報到為何又稱「點卯」？

「點卯」這個說法與古人的作息時間有關。

點卯的「卯」是古代計時中的「卯時」。古代計時將一天分為十二個時辰，分別與十二地支相對應，記作：子時、丑時、寅時、卯時、辰時、巳時、午時、未時、申時、酉時、戌時、亥時，每個時辰相當於現在的兩小時。子時從夜裡二十三點至淩晨一點，丑時就是淩晨一點至三點，依此類推，卯時就是早上五點到七點。古時的官署衙門通常都是在卯時開始辦公，辦公第一項就是點名，因此在卯時點名就被稱為「點卯」。由此衍生出一系列的詞彙，如吏役聽候點名叫「應卯」，點名冊被稱為「卯冊」，如果需要簽到則叫「畫卯」等。慢慢地，各行各業都借用「點卯」的經驗，規定早上點名。

後來，點卯漸漸成了一種形式。官吏們每天早上有事沒事地都得去露個面，點了名之後再回來。李存在《義役謠》裡描繪道：五更飯罷去畫卯，水潦載道歸業晡。於是，後世就用點卯來形容一個人做事敷衍，應付了事。

延伸知識—古代的早朝是幾點開始的，有什麼嚴格要求嗎？

古代帝王多在早上召集朝會或朝參，這種安排就稱為早朝。早朝是帝王和中央官吏的日常大事，沒有特別原因，官吏是不能缺席的。皇帝一般把召集早朝視作自己統治天下、處理國家大事的要務，大臣們也趁此上奏各地發生的重要事情，並向皇帝表示臣服之心。

王公大臣並沒有想像中的那麼安逸，他們也得起個大早，踏著月色上朝。《詩經・齊風・雞鳴》中記載說：「雞既鳴矣，朝既盈矣」，按照古代計時法，雞鳴之時上早朝相當於今天的三點至五點。根據明代文獻記載，文武大臣們為了不遲到，常常在午夜就得起床，趁著夜色趕往午門。淩晨五點左右，按官職順序排好隊伍的臣子們魚貫而入，在皇宮內的廣場上等候上朝。除了臣子之外，歷代勤政的君王也不會偷懶，他們常常熬夜批改奏章，淩晨剛一起床便要整裝召見臣子。可是歷史上也有些皇帝疏於政事，如唐玄宗晚年就因為寵愛楊貴妃而荒廢朝政，白居易《長恨歌》中於是有了「春宵苦短日高起，從此君王不早朝」的詩句。明代的萬曆皇帝，乾脆幾十年都不召集早朝，以致國家要事積案如山。但是勤政的皇帝也未必能改變亡國的命運。如明代的崇禎皇帝，勤奮盡職，從不耽擱早朝，無奈卻「非亡國之君」而承擔了亡國的命運。

在早朝中，對於朝廷禮儀要求極為嚴格。有專門負責糾察的御史將官員失禮之處記錄下來，咳嗽、吐痰或步履不穩重等行為都可能被檢討，有所處分。文武百官進入大殿后，要依照品階排列。皇帝臨朝，百官要行一跪三叩頭禮，高呼「萬歲萬歲萬萬歲」。報告政務時的出列答話，也不是隨隨便便的行為。只有四品以上的官員才有機會與皇上對話，一般小官只能低頭聆聽聖訓。

72

「分道」為何要「揚鑣」？

分道比較好理解，就是各走各的路，那麼分道為何要「揚鑣」呢？原來，「鑣」是指馬嚼子的一部分，常與銜合用，在馬嘴裡的叫「銜」，在馬嘴邊上的叫「鑣」。「鑣」通常是青銅或鐵製的，也有骨製或角製的，上面可繫鑾鈴。「揚鑣」就是提起馬嚼子，意思是驅趕馬前行。

分道揚鑣這句成語出自於《魏書・河間公齊傳》。當時北魏的國都在洛陽，洛陽令（管理首都的長官）名叫拓跋志，是河間公拓跋齊的孫子。他自幼「清辯強幹，歷覽書傳，頗有文才」，素來「不避強禦」。有一天，他乘車上街，迎面遇上了御史中尉李彪的車子。他比李彪的官職低，按當時的規矩，他應該迴避，讓李彪的車子先過。但是拓跋志不願退避，李彪也很不高興。場面鬧僵了，兩人便到魏孝文帝那裡去評理，各自說了自己的理由。李彪說自己是御史中尉，乘坐的車子按照禮儀規格比縣令的高，因此洛陽縣令拓跋志應該讓路。拓跋志則認為他是皇帝委派的國都最高長官，住在洛陽的人，不管是誰，都編在他主管的戶籍裡面，他怎能給同樣編在戶籍裡的御史中尉讓路呢？魏孝文帝不願說誰是誰非，便做了和事佬，說道：你們不要爭吵，洛陽是我的地方，應該分路揚鑣。從現在起，你們就分開路走，各走各的。兩人出了皇宮，馬上找來尺，把路量一量，以後各走一半。

以後，「分路揚鑣」也常寫作「分道揚鑣」，現在多用以比喻因志趣、目標不同而各奔前程或各自行事。

延伸知識——古代的馬身上除了「鑣」，騎乘時還需要什麼馬具？

古代的馬身上除了「鑣」之外，還有不少的馬具。膾炙人口的《木蘭詩》裡，木蘭替父從軍時，置辦了許多物品：「東市買駿馬，西市買鞍韉，南市買轡頭，北市買長鞭。」這裡的鞍韉、轡頭、長鞭，都是騎馬必備物品。騎士上馬要腳踩馬鐙，也就是鞍子兩旁的腳踏，一般多用鐵製成。騰躍馬身，要坐在馬鞍之上，馬鞍是用包著皮革的木框做成的座位，裡面填塞軟物，前後均凸起，適於騎者臀部騎坐。馬鞍需要柔軟一些，否則長時間騎坐，很可能磨破屁股。為了保護馬背以防被磨破，需要在馬鞍之下墊上馬韉。騎士駕馭駿馬，少不了馬轡繩，它是用繩索或皮帶紮住馬上唇的一圈交織而成的手柄，發揮控制的功用。當然還需要一根馬鞭，用來鞭策駿馬。

這些馬具都是古人馭馬經驗累積的成果，滿足了駕馭者的需要，根據不同功能可分為輓具、轡具和鞍具等三類。輓具是駕車時必要的馬具，用來把車固定在馬身上，早在秦漢已經有鞅、靳等輓具，西漢以後又新增加了胸、鞧帶。

轡具是控制馬首的一套工具，由髻頭、鑣和銜組成。在轡具的控制下，馬匹完全由騎士駕馭，便於操縱掌控。轡具出現的歷史較早，從已出土的大量東周文物來看，當時業已十分普遍了。

鞍具是馬身上的一系列馬具，主要有馬鞍、馬鐙、馬鞧帶等。鞧帶用於固定馬鞍，產生較早。馬鞍產生的歷史較晚，東漢末年才有實物出土。而馬鐙出現的歷史則更晚，最早具備馬鐙雛形的是長沙西晉永寧二年墓中的騎馬樂俑，最早的實物則是北燕馮素弗墓的鎏金銅裹木質馬鐙。馬鞍和馬鐙的發明具有重要的意義，在沒有這些馬具之前，古人只能依靠韁繩，或者用腿夾緊馬腹以免跌落地上。由於馬匹奔跑的速度很快，加上道路崎嶇，很容易摔落。倘若馳騁疆場，爭鬥廝殺的話，從馬匹上跌落的機會就更大了。因此馬鞍和馬鐙的出現，解決了馬匹騎乘不穩定的問題，對後世騎兵部隊的發展有著重大的貢獻。

73

「皇曆」與「黃曆」有何不同？

「皇曆」和「黃曆」都是曆書，但並不是同一本書。「黃曆」可要比「皇曆」久遠得多。根據考證，中國早在四千多年前就已有了曆法。古人常用的曆法有黃帝曆、顓頊曆、夏曆、殷曆、周曆和魯曆六種，其中以傳說由黃帝軒轅氏創制的「黃帝曆」最為古老，黃帝曆也就是我們所說的「黃曆」。現在市面上也還有出售「黃曆」的，除了西曆和農曆的日期外，通常還包括二十四節氣、日蝕、月蝕的時間、每天的吉凶宜忌、生肖運程、喜神何方等。不少迷信的人，出門辦事之前都要事先查黃曆，以趨吉避凶。

「皇曆」則是指由朝廷頒發的曆書。曆書在古代社會生活中有很重要的作用，因此皇帝都很重視曆法的頒制。從唐朝起，朝廷開始對曆法實行嚴格管理。唐文宗大和九年（八三五年），文宗下令今後的曆書必須由皇帝親自審定並由官方印刷。同時，他下令編制了中國第一本雕版印刷的曆書——《宣明曆》。此後，歷代王朝都參照這種做法頒行曆法，由皇帝親自審定的官方曆書便被稱作「皇曆」。曆書每年都要更新，過了期的皇曆便沒有任何價值，所以人們常用「老皇曆」比喻過時的事物或陳舊的經驗，在新的情況下已經用不上。如清代夏敬渠的小說《野叟曝言》就說：「隔年的皇曆，好一本子冷賬，閒著要捉蝨子，沒工夫去揭他了。」如今，「皇曆」本身也成了「老皇曆」了，從人們的生活中消失了。

延伸知識｜共商「國是」還是共商「國事」？

「共商國事」和「共商國是」都會常常出現在媒體上，這兩個詞意思一樣嗎？可以互換使用嗎？

其實「國事」和「國是」還是有不同之處的。國事的「事」指事情，「國事」就是指國家的政事，而國是的「是」則是法則的意思，所以「國是」指國家大事、治國大計，而不是一般的政事。因此，「國是」比「國事」重要，「國事」比「國是」寬泛。

「國是」一詞最早出自西漢劉向所編著的《新序・雜事二》，其中記載了春秋時期楚莊王與宰相孫叔敖的一段對話。全文二一〇餘字，四次用到了「國是」一詞：「昔楚莊王問於孫叔敖曰：『寡人未得所以為國是也？』孫叔敖曰：『……君臣不合，國是無從定矣。夏桀殷紂不定國是，故致亡而不知。』莊王曰：『善哉，願相國與諸侯士大夫共定國是，寡人豈敢以褊國驕士民哉？』」從這段對話可以看出，「國是」是君臣共同商定的國家大計，是保證國家長治久安的基本國策。

由此可見，「國是」和「國事」還是有輕有重的，「國是」是不能隨便改為「國事」的。北京大學中文系教授裘錫圭先生在談到二者的區別時也說，「國是」的「是」字，有「到底應該怎麼做」這層意思；「國事」的「事」字則僅指客觀的事情。看來，還真是不能將「國是」與「國事」混為一談啊！

74

如今，我們常把「黎民百姓」連在一起說，在古代這兩個詞意思相同嗎？

孟子曾說過「民為貴，社稷次之」，黎民百姓的生活關係著天下社稷的安危，是和諧社會的基石。可是「黎民」和「百姓」在古代時意義就相同嗎？

先說說「黎民」的來歷。「黎」字的本義就是「眾多」。《爾雅》解釋說：「黎，眾也。」所謂「黎民」，其實就是眾民的意思，如「黎民於變時雍」（《書・堯典》）、「以能保我子孫黎民」（《禮記・大學》）中的黎民，古人都解釋為「眾也」。與此意思相近的還有黎庶、黎氓、黎甿等詞彙，其中的「黎」都表示眾多的意思。

我們再來看看「百姓」的身世。「百姓」在戰國以前的詞義與「黎民」並不相同。「百姓」是指有姓之人，「姓」是標示家族、區別婚姻的標誌，當時有姓的都是王公貴族，所以「百姓」自然而然地成為貴族的總稱。《國語・楚語下》記載：「王公之子弟之質能言能聽徹其官者，而物賜之姓，以監其官，是為百姓。」意思是說王公貴族子弟中那些本質好而能恪盡職守的，根據功勞職事賜給姓氏，讓他們堅守自己官職，這就叫作百姓。由於那時的官員基本上都由貴族充任，因此，那時也用「百姓」來指百官。如此看來，作為貴族、官員的「百姓」，和包括自由民、農奴、奴隸的「黎民」，在社會地位上還是有很大差距的。

進入戰國時代之後，傳統的貴族勢力沒落，平民地位上升，姓氏制度也隨之發生變化，平民也有了姓。「百姓」的意義也隨著轉化，成為對民眾的通稱。自此之後，「百姓」和「黎民」的意義方才趨於一致。

延伸知識—古代對百姓都有哪些稱呼呢？

黎民、百姓是古代稱呼一般民眾最常用的詞，除此之外，關於百姓的稱呼還有許多。與黎民意義相近的詞就有黎庶、黎氓、黎甿、黎苗、黎首、黎烝、黎元等，都具有眾民之意。這些詞語長期活躍於古代社會中，如杜甫〈自京赴奉先縣詠懷五百字〉中有詩句：「窮年憂黎元，嘆息腸內熱。」這裡的「黎元」指的就是百姓。

戰國時稱老百姓多用「黔首」一詞，是當時的流行語，在《呂氏春秋》、《戰國策》、《韓非子》等書中均曾出現。「黔」有「黑」的意思，古時老百姓不能戴冠，黑黑的腦袋露在外面，所以被稱為「黔首」。秦始皇還特別下令，要求將老百姓固定稱為「黔首」。

古代社會等級森嚴，普通人只能穿著麻織的布，相對於絲織的「帛」來說質粗而價低，所以「布衣」成了平民百姓的代稱。又因為平民常穿白色衣服，也以「白衣」代指百姓。百姓又稱作白士、白丁，指沒有功名的人，如劉禹錫〈陋室銘〉就說：「談笑有鴻儒，往來無白丁。」

除此之外，百姓還稱為庶民，庶也有「眾多」的意思，所以「庶民」泛指平民、眾民。另外，「氓」也是古代對百姓（多指失去土地外來遷移的居民）的稱呼。而草民、生民、平民、小民、民眾、平人、丁口、野人等也有百姓的意思。

75

膽大妄為常被說成是「在太歲頭上動土」，可是為什麼在太歲頭上不能動土呢？

「在太歲頭上動土」常用來比喻觸犯了有權勢或兇惡難纏的人，意即膽大妄為。這裡的「太歲」是比喻有權勢或兇暴的人，如關漢卿的戲曲《望江亭》第二折就唱道：「花花太歲為第一，浪子喪門無對，普天無處不聞名，則我是權豪勢宦楊衙內！」其囂張氣焰可想而知。

有權有勢的人被稱作「太歲」，是由於「太歲」本是神明，呼應著天上的歲星，也就是木星。太歲神常以頭戴紫金冠，一身戎裝，手執方天畫戟的凶神形象出現，是司管人間一年吉凶禍福的歲君，因此有「太歲為百神之統，俗謂之中天子」，「太歲攝兵權、人生死」，「逢太歲之年，無喜必有禍」等許多說法。

自漢代開始，就有「太歲頭上不能動土」的觀念。意思是在太歲神所在的方位和與之相反的方位，均不可興造、遷徙、嫁娶、遠行，犯者必凶。這種說法傳到後世，則愈來愈繁瑣和嚴格，表現了古人對於神道的敬畏和未知事物的恐懼，是一種文化忌諱。

當然，有人並不同意將太歲等同於歲星或歲神，他們認為太歲指的是地下的一種菌類。在古代書籍中，還真有因觸動地下的「太歲」而惹起災禍的例子。唐代《酉陽雜俎》一書就記載：有個叫王豐的人「於太歲頭上掘坑，見一肉塊，大如牛，蠕蠕而動，遂填，其肉隨填而長。豐懼，棄之。經宿，長塞於庭。豐兄弟奴婢數日內悉暴卒，唯一女存焉。」不過後人則顯然對太歲有了更科學的認識，明代李時珍所著的《本草綱目》中將「太歲」歸為「肉芫」，並認為長期食用，可以輕身不老，延年益壽。今人認為「太歲」是非常稀有的介於微生物與真菌之間的粘細菌複合體，生活於土壤中，生命力極強。這倒是更好地解釋了為什麼「太歲頭上不能動土」。

延伸知識 將皇帝稱為「萬歲」是從什麼時候開始的呢？

早在西周、春秋時，人們就常用一些頌詞和祝福語，如萬年無疆、眉壽無疆（眉壽是指長壽的老人）等。歲在古代就是年的意思，萬歲最早的意思就是萬年，後來逐漸演變為一種祝頌之詞，是千秋萬代、永遠存在的意思。《史記》中描寫楚漢相爭時就有「萬歲」的稱呼，但那時的萬歲還是上古頌詞、祝福語的簡化。後來，萬歲成了對皇帝的尊稱。據說漢高祖劉邦臨朝時，「殿上群臣皆呼萬歲」。漢武帝也被群臣呼為萬歲，據《漢書・武帝紀》載：元封元年

（西元前一一〇年）正月，登中嶽嵩高，御史乘屬，在廟旁吏卒咸聞呼萬歲者三。從此以後，歷代皇帝都將三呼萬歲作為宮廷朝拜禮儀的一項重要內容。

但從史料來看，早期的萬歲並不是皇帝專用的，也有一些臣子被呼為萬歲。對尊長或有功績的人，也可呼為「萬歲」。如東漢名將馬援屢立戰功，「吏士皆伏稱萬歲」（《後漢書・馬援傳》）。到了宋代，萬歲之稱才確定為皇帝的特權，普通人不能使用，否則就會犯欺君大罪，視同謀反。萬歲不能隨便用了，權臣們就在數字上做文章。明鄭仲夔的《耳新・醜媚》中記載：「魏忠賢擅竊威福，建祠幾遍天下，……至迎像行九拜禮，稱呼用九千歲，或九千九百九十歲。」

現在的萬歲又有了新的涵意，它已經變成舉行歡慶儀式時，人們情不自禁發出的歡呼語，寄託著人們美好的祝願。

76

現在常將用不正當的手段達到目的稱為「走後門」，那最早「走後門」的人是誰呢？

用請託、行賄等不正當的手段，透過內部關係得到某種利益，被人們形容為「走後門」。說起「走後門」的來歷，還真稱得上是歷史悠久。

有人認為，「走後門」一說是從北宋時期流傳下來的。據說北宋哲宗辭世後，徽宗繼位，任用蔡京為相。蔡京極力排斥元祐（哲宗年號）時期的舊臣，排斥異己。規定這些元祐黨人的子女不得出仕和入京，甚至連其詩文也不准流傳，一代文豪蘇軾的文集也在禁絕之列，這種種舉措引起民間極度不滿。有些伶人便在朝廷宴會上演了一齣戲：一個大官在堂上處理政事，來了一個和尚要求離京出遊，大官看他的戒牒是哲宗年間的，就下令讓他還俗。又來了一個道士，說自己遺失了度牒要求補發，大官聽說他是哲宗年間出家的，就剝了他的道袍。這時，一個屬官上前低語道：「今天國庫發下的俸錢全是元祐年間鑄造的，應怎樣處理？」大官悄聲說：「那就走後門搬進來吧！」「走後門」一說由此流傳開來。

其實這只是個民間故事，蔡京當年權頃一時，恐怕沒有哪個伶人敢冒掉腦袋的危險諷刺他。之所以有

「走後門」的說法，恐怕還是與古人的住宅隔局和生活習慣有關。古時宅子大到有後門的人家，通常都是富貴人家。一般情況客人是不能走主人家的後門的。可見走後門辦的事情，通常都是見不得人的。

延伸知識｜古人住宅隔局如何，後門是供哪些人出入的？

早在商代，祖先們便已經確定了院落式結構的住宅，房屋一般要用牆垣圍住，牆垣又有門相通。唐宋時期，民居中三合院、四合院的隔局特徵逐漸成型，到了明清，民宅更趨成熟發展。

從明清時代保留至今的民宅觀察，古人對於住宅隔局的設計相當謹慎，風水朝向也仔細斟酌。平日起居的建築是由堂、室、房組成，一般都坐北朝南。堂位於最前面，是主人平時活動、行禮、待客的地方。堂後為室，有戶相通，是主人休息居住的地方。圍牆的大門內叫作庭，也就是我們常說的院子。大戶人家的住宅還要有第二重院落，設置一道二門，即閨門、寢門。這道門內是主人起居的主要場所，也是女眷居住的地方，因此二門以內的院落也稱為內庭、內朝，也就是我們常說的後宅。古代的女子恪守「大門不出，二門不邁」的禮儀，就是指這道門。有意思的是，閨的意思本指內庭之門，由於閨門之內是婦女所居之地，因此女子的居所也叫閨閣、閨房，未婚女子也被稱為閨女。

屋宅後面開設的門就叫後門，總是背於正門或者前門的，它的朝向由正門的坐落方向來決定。在秦漢之前的干欄式建築中，幾乎沒有後門，而在宮廷建築中卻少不了後門。唐宋之後的民宅中，富豪貴族的深宅大院往往開著後門，一般供僕役運輸、行走方便，客人往來則要出入前門，不輕易進出後門。而一般百姓家的宅院規模較小，就不一定有後門了，像杜甫名詩〈石壕吏〉中的老翁家就窮得連個後門也沒有，官兵捉人時，老翁無門可逃，就只能越牆而走。

後門的有無和房屋大小並沒有直接的關係，北京現存的四合院中有的就有後門，而有的只有院牆。四合院的後門一般開在後罩房的西北角，直通後街。因為後罩房裡常住著閨閣女子，所以很多青年男女之間的風流韻事便圍繞後門流傳著。

77

「春宮圖」指色情畫，春宮就是色情的意思嗎？

春宮圖又稱秘戲圖，是描繪男女性愛的色情畫。春宮圖雖然是指淫穢色情畫，但「春宮」的本義卻與色情無關。屈原〈離騷〉有句云：「溘吾游此春宮兮，折瓊枝以繼佩。」王逸為此作注稱：「春宮，東方青帝舍也。」意思是說，春宮指的是東方青帝的居所。之所以青帝所居稱為春宮，與古人的時空觀念有關。古人常將陰陽、四季、五行、五色，甚至天干地支、五德等與東、南、西、北、中五個方位相搭配。青帝就是古代神話中位於東方的司春之神，也稱蒼帝、木帝。正如黃巢〈題菊花〉中的詩句「他年若我為青帝，報與桃花一處開」中所說的，青帝主宰著春天，因此其所居之地稱為春宮。

此外，春宮還可以指太子的居所。太子所居本稱東宮，東宮的說法由來已久。《詩經・衛風・碩人》中就提到東宮，指的是當時的齊太子。因為古人認為東方主春，所以東宮後來也被稱為春宮。唐代杜佑《通典》中有一段記載：「大唐武德九年六月，太宗居春宮總萬機，下令曰……」武德是唐高祖年號，武德九年即西元六二六年。這年六月四日，李世民發動玄武門之變，殺了太子李建成、齊王李元吉。三天後，高祖李淵立世民為太子，主持朝政。兩個月後，李世民登基，即唐太宗。這段記載，說的即是李世民玄武門之變後以太子身份主持朝政的事。因為春宮是太子的居所，所以也可以直接指稱太子。

延伸知識 為什麼古人認為春宮畫有「壓邪避災」的作用？

雖說春宮的本義與色情無關，但春宮畫的起源卻與宮廷生活有著極大的關聯。明末沈德符在《敝帚齋餘談》中說起春宮畫的起源時說：「春畫之起，當始於漢廣川王（劉海陽，漢景帝子惠王劉越後裔）畫男女交接狀於屋，召諸父姐妹飲，令仰視畫。及齊後廢帝於潘妃諸閣壁，圖男女私褻之狀。」他認為，春宮畫最初是漢廣川王勾引堂姐妹（即諸父姐妹）時使用的。當然，後世也有人認為在漢代以前就已經有春宮畫了。

春宮畫的源頭暫且不論，且說春宮畫到了明代時最為興盛，甚至還出現了像唐寅、仇十洲這樣的春宮畫大家。春宮畫不僅當作激發性慾的方法，有時也充當性教育的工具，即使在宮廷中也是如此。據沈德符稱：「余見內庭（宮廷）有歡喜佛，云自外國進者，又有云故元所遺者，兩佛各瓔珞嚴妝，互相抱持，兩根湊合，有根可動，凡見數處。大璫（太監）云，帝王大婚時，必先導入此殿。禮拜畢，令撫摩隱處，默會交接之法，然後行合巹，蓋慮睿稟之純樸也。」可見帝王大婚之前也要按習俗進行性教育。

古人還認為春宮畫有「壓邪避災」的作用。在古人的觀念中，他們認為性乃污穢不潔之事，如以春宮畫貼門上則鬼不敢進，貼灶頭上可避火災等等。《紅樓夢》中就有一段文字述了春宮圖的防火作用。清末民初著名文獻學家、藏書家葉德輝就喜歡用春宮圖來防止藏書受災。中國古代還有一種作男女交媾狀的陶瓷器，名為「壓箱底」，所謂「壓箱底」，一則有秘而不宣的意思，在女兒出嫁前夕，母持之以示女，為之進行啟蒙教育。二則古人認為小鬼能在不開啟人們箱籠的情況下把箱內的財物竊去，而有了「壓箱底」，小鬼就避而遠之，不敢來了，所以有辟邪的作用。

78

明清小說裡常有「捅破窗戶紙」的描寫，古人一直都是用紙糊窗戶的嗎？

考古發現，西漢時期中國已經有了麻質纖維紙。後來，東漢蔡倫在洛陽改進了造紙術，用樹皮、麻頭、破布、舊漁網等為原料造紙，擴大紙的原料來源，使造紙的成本降低。但整體說來，當時紙的數量仍然非常少，而且主要是用來書寫的，昂貴的紙還不能拿去糊窗戶。

秦漢時期雖然沒有紙窗，但琉璃、雲母等裝裱窗戶的材料已經進入了上層社會。《西京雜記》中說漢成帝時，昭陽殿中「窗扉多是綠琉璃，亦皆達照」，可能當時有的貴族住宅也已經採用琉璃裝飾門窗了。除了琉璃，早期文獻中記載的窗戶材料中還有一些珍貴的礦產，如雲母，俗稱「千層紙」，製成薄片可透光，古代只有富貴家庭才用得起。梁簡文帝〈謝惠屏風啟〉說：「雲母之窗，慚其麗色；琉璃之扇，愧其含影。」〈對燭賦〉說：「雲母窗中合花氈，茱萸幔裡鋪錦筵。」這些材料不僅美觀，採光性好，而且象徵著地位和財富。不管是琉璃還是雲母，都是貴重的物品，一般平民是用不起的。因此，普通百姓在夏天會使用竹草編織的蓬窗擋風，在冬天則乾脆用泥土將窗戶堵住，或者用麻布將窗子蒙上。《後漢書》中有洛陽南宮復道冬天「完塞諸房，望令緻密」的記載。不過，人們一般也不會把所有的窗戶都堵上，而會留有一部分作為通風和採光的管道。

魏晉南北朝時，很多詩中出現了「綺窗」和「紗窗」。綺和紗都是絲織品，薄而且輕，還可以畫上花紋裝飾窗戶。窗紗在南北朝時已可以作為商品出售，既美觀耐用，又經濟實惠，到了夏天還可以防蚊蠅。「翠葉代綺窗」、「綺窗臨畫閣」、「紗窗相向開」等詩句中描寫的都是詩情畫意的紗窗。紗窗雖好，但是不能防寒保暖，到了冬天，皇室和貴族的日常起居生活主要在「暖閣」裡進行。暖閣在唐代以前又叫「溫房」或「宣室」，用厚紙糊窗戶，用地爐取暖，是一種更加保暖的房間。白居易有「半捲寒檐幕，斜開暖閣門」的詩句。可以說，暖閣是用紙糊窗戶的開始，但普通老百姓還未必用得起。

到了宋代，紙的產量大大提高，價格也下降了，紙窗戶的使用十分普遍，因此也在詩作中大量出現了提及紙窗的句子。如「白紙糊窗堪聽雪，紅爐著火別藏春」，「席簾紙閣護香濃，說有談空愛燭紅」，「小堂穩暖紙窗明，低幌圍爐亦已成」等。佛寺和一些供行僧、公差和旅客留宿的驛站也是採用紙窗較多的地方。南宋辛棄疾路經江西廣豐附近的驛站時，就留下了「繞床饑鼠，蝙蝠翻燈舞。屋上松風吹急雨，破紙窗間自語」的名句。有趣的是，當時還出現了很多紙製的日用品。如紙帳（以藤皮繭紙縫製的帳子）、紙衣（經處理的紙製成的衣服）、紙被（藤纖維紙製成的被子）等。宋代以後，紙窗就比較普遍了。

延伸知識｜古人用什麼紙糊窗戶？

唐宋時期文人多用韌皮紙書寫，這種紙比較厚密，雙面寫字，擬稿之後產生的廢紙，其主要用途就是糊窗或者糊牆了。北宋王安石有〈紙暖閣〉詩：「楚穀越藤真自稱，每糊因得減書囊。」說的就是他用已經寫過字的楚地穀皮紙和吳越藤紙糊窗子的事。清代趙翼有一首贈詩曰：「人間只有賣文錢，其技雖工計則謬。時來紙貴洛陽城，運去糊窗酒家牖。」說明許多文人的文章最後都淪為酒家的糊窗紙。

除了比較厚實的文書廢紙，防水紙也很適合做窗戶紙，《唐宋白孔六帖》裡記載的「糊窗用桃花紙塗以水油，取其甚明」，也就是我們今天所說的油紙。窗戶紙容易破損，選用油紙不但可以防雨雪濕破，而且還能增加透光度。除此之外，油紙還可以製成紙傘、紙瓦等，油紙傘到明代時就已被廣泛使用。也有一些文人為了增加情趣，在白紙上行文作畫，然後糊到窗戶上以裝飾居室或書房。

清代宮廷地位較高的殿堂用高麗紙糊飾，這是一種用綿繭或桑皮製造的白色綿紙，不僅透明白淨，而且質地堅韌，經久耐用。側殿和配殿則使用「毛頭紙」，其纖維較粗、質地鬆軟，品質次於高麗紙。皇宮也和民居一樣，在入冬以前的農曆九、十月份要把門窗裱糊好。為了節省經費，紫禁城大殿換下來的舊紙要留下來修補破損的窗戶。直到清朝晚期，紫禁城各宮殿的門窗逐漸換上了玻璃，窗戶紙才逐漸從宮廷中消失。但是在民間，窗戶紙在二十世紀早期，仍是某些地區人們日常生活中不可缺少的部分。

79

古代有鍾馗捉鬼的傳說，歷史上真有這個人嗎？

有關鍾馗的記載最早見於宋代沈括《夢溪筆談・補筆談》中。說是禁中舊有吳道子畫鍾馗像，其卷首有唐人的題記介紹鍾馗：唐代開元年間，唐明皇在驪山講習武事之後回到皇宮。在沒有發生什麼特別事情的情況下，唐明皇卻忽然染上了疫病，無論巫術醫道，都不能使皇上的病有所好轉。一天晚上，唐明皇忽然夢到一大一小兩個鬼。小鬼穿深紅色衣服，犢鼻鞋，一隻腳光著，一隻腳上懸著一隻鞋，背後插一把大竹紙扇，拿著偷來的楊貴妃香囊和唐明皇玉笛繞殿而奔。大鬼則戴帽子，穿藍衣裳，袒露一臂，腳上穿一雙靴子，追趕小鬼。大鬼捉到小鬼之後，就挖了小鬼的眼睛，然後把小鬼劈開吃掉了。唐明皇於是問大鬼：「爾是何人也？」大鬼對曰：「臣鍾馗氏，即武舉不捷之士也。誓與陛下除天下之妖孽。」唐明皇醒來之後，病就好了，而且身體更強健了。自唐代以後，鍾馗就成了捉鬼能人，後世常以鍾馗像驅邪，以保平安。

後人對鍾馗的生平也增添不少故事，在民間故事中，鍾馗是唐初終南山人，生得豹頭環眼，鐵面虯鬚。鍾馗雖然相貌奇醜，但卻滿腹經綸、剛正不阿。他家境貧寒，在同鄉的資助下才得以進京赴試，雖然才華得到了主考官的欣賞，但卻在殿試時因為長得醜而沒有金榜題名，鍾馗一怒之下撞御階而死。因其正氣凜然，死後便做了陰陽兩界的判官，管理天下邪魔鬼怪。

但關於鍾馗是否真有其人，自古便有不少爭議。宋代沈括認為「後魏有李鍾馗，隋將喬鍾馗、楊鍾馗。然則鍾馗之名，從來亦遠矣，非起於開元之時。開元之時，始有此畫耳。『鍾馗』字亦作『鍾葵』。」明代的郎瑛認為，鍾馗的原型其實是北朝人堯暄，本名鍾葵，字辟邪，「馗」乃「葵」字訛傳，由於他字「辟邪」，所以後人才附會出捉鬼的故事。明胡應麟提出，鍾馗捉鬼的傳說「蓋自六朝之前固已有之」，所以堯暄曾取名鍾葵而字辟邪，南北朝時名叫鍾馗的人很多，可能都取義於此。李時珍則認為，鍾馗（或寫作「終葵」）是一種錐形菌類，因而民間也將錐稱為終葵，又因為俗畫中常以錐形物體擊鬼，所以將捉鬼人稱為鍾馗。

不管身世如何，鍾馗正氣凜然、為民除害的形象仍然廣受百姓擁戴。鍾馗捉鬼的故事歷代不衰：明代有雜劇《慶豐年五鬼鬧鍾馗》、小說《鍾馗全傳》，清代有小說《斬鬼傳》和《平鬼傳》等，有關鍾馗的書畫作品和民俗畫更是數不勝數了。

延伸知識──牛頭馬面是怎麼來的？

牛頭馬面是閻王身邊的著名跟班，在許多神鬼小說中都有他們。他們是陰間的鬼卒，主要職責是給閻王打雜。

牛頭也叫牛頭阿旁或者牛首阿旁。阿旁是梵語中對鬼卒的稱呼，因為佛經中記載，地獄中的鬼卒長著牛頭，因此被稱為牛頭阿旁。《五苦經》中說：「獄卒名阿旁，牛頭人手，兩腳牛蹄，力壯排山。」《鐵城泥犁經》中描寫了阿旁的身世：阿旁為人時，不孝順父母，因此在死後被罰，在陰間化為牛頭人身，擔任巡邏和搜捕逃跑罪人的衙役。《法苑珠林》卷八四引《罪業報應教化地獄經》還說他：「牛頭阿旁，以三股鐵叉，叉人內著鑊湯中，煮之令爛。」可見牛頭阿旁的職務範圍相當廣泛。

馬面則沒有那麼長的歷史。根據資料記載，佛教中本來只有牛頭鬼卒的說法，傳入中國後，由於民間講究成雙配對，因此給牛頭找了個搭檔──馬面。持這種觀點的學者不少，如魯迅《朝花夕拾・無常》中說：「然而那又究竟是陰間，閻羅天子、牛首阿旁，還有中國人自己想出來的馬面。」但也有人認為，馬面是從佛家中的馬面羅剎演化而來，後來成了冥府的差役。

此後，牛頭和馬面結伴出現在各種傳說故事裡，其形象深入人心。人們對牛頭馬面又敬又怕，因此後世也用牛頭馬面來形容兇狠醜惡的人。

80

俗話說：「狗咬呂洞賓，不識好人心」可是狗為什麼要咬呂洞賓呢？

俗話說：「狗咬呂洞賓，不識好人心。」這話說的其實並不是哪條不識相的狗，而是呂洞賓與友人苟杳之間的一段趣事。

苟杳是呂洞賓的同鄉，他父母雙亡，家境十分貧寒，但為人求學上進。呂洞賓知道了他的情況，就把他接回家居住，供他讀書以求取功名。一天，呂洞賓的一個林姓老友登門拜訪，看到苟杳發憤讀書，很賞識他，就跟呂洞賓商量，想把自己的女兒許配給苟杳。苟杳一聽，自然十分高興，很樂意應允這門婚事，但是呂洞賓想到科舉之日將近，怕苟杳貪戀床第之歡，誤了前程。於是，鄭重地跟苟杳說想成親可以，但有一個條件，就是新婚的前三天自己要替苟杳進洞房。苟杳當然很不情願，但一想到自己身無分文，一切都要倚仗呂洞賓，也只好咬著牙答應了。

成親這天，呂洞賓叫苟杳到書房去讀書，自己則進了新房。呂洞賓徑自坐在桌前看起書來，也不理新娘，一連三天，都是如此。新娘百思不得其解，又不好意思問緣由，只能天天和衣而睡。三天後，苟杳終於可以與新婚妻子團聚了。新娘見新郎與前三天晚上看到的並不是同一個人，非常奇怪，苟杳便將事情的前因後果講了一遍，新娘也將這三天晚上的事說了出來，兩人這才明白呂洞賓的一片苦心。果然，在考試中苟杳不負眾望，考了殿試第三名，被派往外地做官。

過了幾年，天有不測風雲，呂洞賓家裡被一場大火燒個精光，生活也難以維持。呂洞賓的妻子跟他商量，說我們以前資助苟杳讀書，現在他功成名就，升官發達，我們遇難，不如去找他幫忙。呂洞賓覺得有道理，就起程去了苟杳家。沒想到卻吃了閉門羹，看門的人說苟杳日理萬機，沒有時間見呂洞賓。呂洞賓非常氣憤，覺得苟杳是個忘恩負義的小人，但也沒有辦法，只好回了家。誰知到家一看，自己家原地又蓋起一棟比原來還要漂亮的房子，但他又看到妻子身穿重孝，在一個棺材前痛哭。呂洞賓趕緊詢問是誰去世了，不料妻子一見他反而大驚失色，連聲追問他是人是鬼。原來，呂洞賓離家不久後來了一群人，不由分說，便在他家的地上建起了新房，前天剛完工，卻又來了幾個人，抬著一副棺材，說裡面裝的是呂洞賓，得霍亂而死，不能開棺，放下棺材就走了。呂洞賓覺得很奇怪，就找來鐵斧劈開棺材，只見裡面擺滿了銀子，還有一張紙條寫：「苟杳不是負心郎，路送金銀家蓋房。你讓我妻守空房，我讓你妻哭斷腸。」原來這是苟杳跟呂洞賓開的一個小玩笑。

說來有趣，故事傳開後，因為諧音的緣故，傳成了「狗咬呂洞賓，不識好人心」這句俗語。

延伸知識 歷史上的呂洞賓究竟是什麼人？

相傳「八仙」之一的呂洞賓名叫呂岩，字洞賓，號純陽子，民間又稱其為呂真人、呂祖。他是唐末京兆人，生於官宦世家，青年時曾為儒生，舉進士不第，後轉而學道，在長安酒肆遇仙人鍾離權授以內丹道要，隱居終南山，不知所終。

呂洞賓是一位得道高人。《宋史·陳摶傳》說他是「關西逸人，有劍術，年百餘歲。步履輕捷，頃刻數百里」，《國史》中說他「年百餘歲，而狀貌如嬰兒。世傳有劍術」。他與當時的名人陳摶、李奇等有交往，並擅長以詩言內丹旨要。《全唐詩》中也收錄了他的詩作。

呂洞賓是八仙中傳說最多，影響力最大的一位，在後世被道教奉為神仙。宋代道教學者曾慥編寫的《集仙傳》中，稱唐五代成道之士中「獨純陽子呂公顯力廣大」，還有人託其名作「自傳」和各類闡釋道家思想的著作。同時，呂洞賓也得到帝王的鍾愛，宋徽宗敕封他為「妙通真人」。到元代時，道士苗善時編寫了《純陽帝君神化妙通紀》七卷，彙集一百零八化故事，因而呂洞賓更是受到帝王的重視。元世祖忽必烈於至元六年賜號「純陽演正警化真君」，至大三年元武宗加封他為「純陽演正警化孚佑帝君」。王重陽創立全真道後，將呂洞賓奉為「北五祖」之一。民間稱其以「酒仙」、「詩仙」、「劍仙」聞名於世，有關他的民間傳說更是數不勝數，如「黃粱夢」、「飛劍斬黃龍」等，為小說、戲曲提供了題材。

值得一提的是，民間傳說中的八仙在漢、六朝時僅泛指一組仙人，具體的人名尚不固定。八仙故事散見於唐、宋、元人的記載中，直到明代吳元泰的《八仙出處東遊記傳》裡，才確定為鍾離權（又名漢鍾離）、張果老、呂洞賓、李鐵拐、韓湘子、曹國舅、藍采和、何仙姑等八人。這個說法被後人接受，流傳至今。

81

為什麼「宰相肚裡能撐船」而不是別人？

傳說，這句俗語裡說的「宰相」就是北宋時的王安石。

據說王安石中年喪妻，娶了一個妾叫姣娘。王安石身為宰相，公務自然十分繁忙，很少在姣娘身邊。時間久了，年輕貌美的姣娘自然是寂寞難耐，便與家裡的年輕僕人有了私情。不久，這件事被王安石知道了，就想了一計，親自探個究竟。一日，王安石對姣娘謊稱上朝辦理公務，卻悄悄藏在家中，果然在臥室外聽到姣娘與僕人偷情。王安石火冒三丈，想衝進去捉姦，可是轉念一想，自己堂堂當朝宰相，如此做法會很難堪，只好轉身就走。剛走了幾步，忽然看見了院中大樹上的烏鴉窩。他靈機一動，拿起一根竹竿，捅了烏鴉窩幾下。屋裡的僕人聽到烏鴉叫以為有人來了，便慌忙跳後窗而逃。

事後王安石一直裝作若無其事。轉眼到了中秋節，王安石和姣娘喝酒賞月。酒過三巡，王安石即席吟了一首詩：「日出東來還轉東，烏鴉不叫竹竿捅。鮮花摟著綿蠶睡，撇下乾薑門外聽。」姣娘一聽，心裡明白自己跟僕人偷情的事被老爺知道了。她感到無地自容，靈機一動，跪在王安石面前，也吟了一首詩：

「日出東來轉正南，你說這話夠一年。大人莫見小人怪，宰相肚裡能撐船。」王安石一想，自己年近半百，姣娘卻正值豆蔻年華，這件事情也不能全怪她，不如來個兩全其美吧。於是他就將姣娘許配給了那個僕人。

這事傳出去後，人們對王安石的大度非常敬佩，於是就用「宰相肚裡能撐船」這句話來形容他的寬宏大量。

延伸知識——宰相一詞是怎麼來的？

宰相這個詞第一次亮相是在《韓非子・顯學》中：「故明主之吏，宰相必起於州部，猛將必發於卒伍。」最初是對掌握大權的高官的泛稱。「宰」是貴族家中掌管家務者或奴僕主管，在古代禮儀中有重要的地位。後來以宰泛指官吏，如《周禮》中與宰有關的官名就有塚宰、大宰、小宰、宰夫、內宰、裡宰等。春秋時期卿大夫的家臣和采邑的長官，也都被稱為宰。後世也沿用宰作為對官吏的敬稱。「相」也是古官名，為百官之長。《荀子・王霸》中說：「相者，論列百官之長，要百事之聽，以飾朝廷臣下百事之分，度其功勞，論其慶賞，歲終奉其成功以效於君。」漢代時各諸侯國都設有相，是諸侯國的實際掌權者，與後世郡太守的職權差不多。

宰相一詞雖然歷史很長，但僅在遼代曾經單獨作為官名使用。後世所說的宰相通常指輔佐皇帝、統領群僚、總攬政務的最高行政長官，其職權範圍和行使職權的方式都有所不同。可被籠統的稱為宰相的官職有很多，如秦漢時的丞相、相國、三公，唐宋時中書、門下、尚書三省的長官及同平章事，明清時的大學士等。

82

鄭和為什麼被稱為「三保太監」？

鄭和可以說是中國家喻戶曉的人物，《明史》鄭和本傳稱他「自幼有材志」、「豐軀偉貌」、「博辯機敏」、「謙恭謹密」、「出入戰陣，多建奇功」。鄭和原姓馬名和，在兄弟姐妹六人中排行第三，故取小名三保，雲南昆陽人，出身伊斯蘭教名門望族，據說他的三十七世祖就是伊斯蘭教創始人穆罕默德。他的祖父及父親都曾到過伊斯蘭教聖地麥加朝聖。馬和自幼受過良好教育，並對西洋事物有所耳聞，十四歲時被明軍擒獲，送入宮廷充當太監。明太祖朱元璋將馬和賜給四子燕王朱棣。他刻苦學習、聰明伶俐、才智過人、勤勞謹慎，深得燕王的信任。後來，馬和「從燕王起兵靖難，出入戰陣，多建奇功」。朱棣稱帝後，提拔他為「內官監太監」，「賜姓鄭」，從此改名鄭和。永樂元年，明成祖朱棣的太師和尚道衍引領鄭和受菩薩戒，取法名福善。鄭和成為佛門弟子。因為佛教以佛、法、僧為「三寶」，人們也以「三寶」作為佛教的尊稱。鄭和信奉佛教，小字又名三保，所以被人們尊稱為「三保太監」。

永樂三年，明朝經過三十多年的勵精圖治，不但農業經濟恢復，手工業方面迅速發展，中國的絲織品、瓷器等一直受到西亞乃至歐洲國家的歡迎，這個時期，中國的造船技術和航海能力也發展到巔峰。為了宣揚國威、擴大海外貿易，明成祖朱棣決定組成一支強大的船隊，前往西洋諸國。西元一四〇五年，明成祖朱棣任命鄭和為「欽差總兵正使」，率領龐大的船隊，從太倉的劉家港出發，開始了歷時二十八年的七次下西洋活動，這支在當時世界上最強大的海上力量，「雲帆高張，晝夜星馳」，遍及亞非三十多個國家和地區。鄭和也因此留名青史，成為歷史上著名的大航海家。

延伸知識──鄭和為什麼要七下西洋？

不少學者認為，鄭和有可能是背負著明成祖朱棣交給他的秘密任務──尋訪建文帝朱允炆，而七下西洋的。關於這個動機，不僅《明史》中有「成祖疑惠帝亡海外，欲蹤跡之……」的記載，民間也有不少相關傳說。

朱允炆是皇太子朱標的次子，生性「仁明孝友」。朱標病逝後，朱允炆被立為皇太孫，引起其他皇子的不滿。西元一三九八年明太祖病逝，朱允炆即位，改年號為建文，史稱建文帝。這時皇室內部爭權奪利的矛盾愈演愈烈，建文元年七月，明太祖四子燕王朱棣就以「清君側」之名，舉兵起事。朱棣最後獲得了這場持續四年之久的叔侄大戰的勝利，奪取了皇位。

然而，令朱棣終日惴惴不安的是城破之日，建文帝朱允炆消失不見，下落不明。《太宗實錄》中記載說，朱允炆在兵敗之後自焚而亡，但當時找到的只是一具燒焦了的屍體，並不能確定是建文帝本人。有人認為這具遺體可能是馬皇后的，因為明代並沒有為馬皇后舉行葬禮的記載。同時，建文帝七歲的長子朱文奎也不知所蹤。因此關於朱允炆逃出宮外的說法一直在流傳。

建文帝出亡後的下落歷來眾說紛紜。傳說當年明太祖軍師劉伯溫因見宮中諸皇子爭權奪位日益激烈，曾密送皇太孫朱允炆一個錦囊。後來，燕王兵臨城下之時，朱允炆打開錦囊，發現裡面是一件袈裟和一紙度牒，就立即化裝為僧潛逃脫險。還有一說是建文帝於破城之時從宮中地下水道潛行至燕雀湖後宰門涵洞逃出京師，星夜前往東郊神樂觀，在道士王升的住所借宿一夜後不知所終。在西南地區，至今還留有很多建文帝出家修行的遺址。

建文帝下落不明，一直是明成祖的一大心事。有傳聞說明成祖某日巡視內宮時，曾偶然發現一只碗底刻有「建」字的瓷碗。這種瓷碗乃建文帝在位時燒製的，明成祖早已下令清除毀淨，怎麼會再度出現？朱棣立即下旨嚴查此碗來歷，終於獲悉，是一位太監隨出使官員下西洋時，從蘇門答臘帶回來的。由此朱棣猜測朱允炆可能已逃往海外，於是密令親信太監鄭和七下西洋，秘密訪查朱允炆的下落。這個謎團至今還未解開，被列為明史第一謎案。

83

為什麼古人用沉魚落雁、閉月羞花來形容女子的美貌？

沉魚落雁、閉月羞花是以古代四大美女的故事，來形容女子的美貌。

「沉魚」，是指春秋戰國時的西施。西施是越國美女，每天都要去村旁的小溪浣紗。魚兒看到河水映照她俏麗容顏的倒影，都會忘記游水，漸漸地沉到河底，因此稱為「沉魚」。

「落雁」，講的是王昭君出塞的故事。漢元帝在位期間，為安撫北匈奴，選後宮良家女王昭君和親。於是昭君告別故土，登程北去。她心緒難平，在坐騎之上，撥動琴弦，奏起悲壯的離別之曲。大雁聽到這淒婉的琴聲，又看到馬上的美麗女子，便忘記了揮動翅膀，跌落地下。因此稱為「落雁」。

「閉月」，指的是三國時的貂蟬。她是三國時漢獻帝的大臣司徒王允的養女，生得美麗動人。她在後花園拜月時，輕風徐來，浮雲將那皎潔的明月遮住，仿佛月亮都自愧不如貂禪的美貌。此後，人們就以「閉月」來指稱貂蟬了。

「羞花」，說的是唐玄宗的愛妃楊玉環。傳說楊貴妃美貌無雙，嬌豔可人。她到花園去賞花，滿園盛開的牡丹一看到她，就害羞得捲起花瓣，綠葉低垂，不敢與貴妃爭妍。因此，後世以「羞花」來指楊貴妃。

延伸知識——歷史上貂蟬是否真有其人？

古代四大美女中的西施、王昭君、楊玉環都於史有載，身份和生平都有比較明確的記錄。但據稱有閉月之貌的貂蟬真有其人嗎？

對貂蟬最深入人心的描寫是在羅貫中的《三國演義》裡。第八回「王司徒巧使連環計，董太師大鬧鳳儀亭」中：「（允）忽聞有人在牡丹亭畔，長吁短嘆……乃府中歌伎貂蟬也。其女自幼選入府中，教以歌舞，年方二八，色伎俱佳，允以親女待之。」是貂蟬的第一次出場。此後，貂蟬與王允精心設計了連環美人計，成功離間了董卓、呂布父子，為漢室剷除了禍害。金聖嘆評曰：「十八路諸侯不能殺董卓，而一貂蟬足以殺之。」可見貂蟬的美貌與智慧。

當然，歷史上並無貂蟬其人，也已是三國歷史和《三國演義》研究學者的共識。可以說，貂蟬完全是宋元以來通俗文學虛構的產物。不過這個虛構出來的人物還是有著一定的歷史依據的。在《後漢書・呂布傳》中有這樣一段話：「董卓誘布殺（丁）原，……卓又使布守中閣，而（布）私與傅婢情通，益不自安。」《三國志・魏書・呂布臧洪傳》中也有大致相同的記載：「（董）卓性剛而褊，忿不思難。嘗小失意，拔手戟擲布，布拳捷避之。為卓顧謝，卓意亦解，由是陰怨卓。卓常使布守中閤，布與卓侍婢私通，恐事發覺，心不自安……」這兩部史書都提到呂布與董卓的侍女私通而反目成仇，這個沒有留下名字的侍女可能就是貂蟬的原型。至於她與王允有沒有關係，就不得而知了。

84

曹操、孫權、劉備、關羽……為何三國時期的人物絕大多數是單字名？

三國之前，古人雖然多用單字名，但使用雙字名的也不少，如藺相如、呂不韋、董仲舒等。但到了三國時期，雙字名竟愈來愈少，絕大多數人都用單字名。追究起來，這種現象的產生可能與王莽有很大的關係。

西漢末年，王莽篡奪政權，改國號為新，史稱新莽。為了鞏固統治，他仿照周代制度推行新政，屢次改變幣制、官制、官名等，削奪劉氏貴族的權利。王莽推行的一些法令，也包涵了人名。《漢書・王莽傳》記載：王莽的長孫叫王宗，密謀造反，不幸提前曝光，無奈自殺。王莽下令：「宗本名會宗，以制作去二名，今複名會宗。」從中可以看出，王莽上台後，曾經下過「去二名」的法令，以法律形式規定不准用雙字名。只有罪人，才恢復雙字名，以示處罰。可能就是基於這種因素，三國時期的人們便養成了使用單字名的習慣，曹操、曹丕、曹植，劉備、劉禪、關羽、張飛、趙雲，孫權、孫亮、周瑜、魯肅等著名人物全是單名。如果從姓名史上考察，三國兩晉堪稱盛行單名的高峰時期。

也有學者認為，王莽政權前後只存在了短短十五年的時間，禁令的影響並不深遠，單名增多應另有他因。原來，漢晉時期的避諱之制非常嚴格，為了盡量減少因避諱而帶來的麻煩，那時的人們就大多取單字名或僻字名，以減少諱字，便於避諱。

延伸知識｜古人的「名」與「字」有何關聯？

古人的名與字常常是互為表裡的，因此字也被稱為「表字」。古人取字十分講究，而且也是有規律可尋的。常見的有按長幼排行的次第取字，如三國時東吳的孫氏兄弟。孫策為長子，取字伯符；孫權為次子，取字仲謀；孫翊排行老三，取字叔弼；孫匡排行老四，取字季佐。另外，表字上用「子」的情況也很多，這是因為子在古代是對男子的尊稱。如孔伋字子思，仲由字子路，司馬遷字子長，曹植字子建；蘇軾字子瞻，杜甫字子美等等。

伯、仲、叔、季、子這類字雖然在表字中常見，但其實與本名的關係不大，它們後面的字如符、謀、瞻、美等才有意義，與「名」相輔相成。有的名、字之間意思相同或者相近，例如詩人屈平字原，平、原意思相近；孔子弟子顏回字子淵，淵就是回水；孟軻字子輿，軻、輿都是車的意思；李漁字笠翁，漁翁常戴簑笠，意義相關。也有的名、字恰好意思相對或相反，如曾點字皙，點為黑汙，皙為白色。據說，曾皙人長得很白，只是臉上有個黑點，其名由此而來。朱熹字元晦，熹是天亮，晦是黑夜；劉過字改之，改了就不為過錯。還有的名、字在意思上是相互補充的，即名與字往往出自一句話中，意思相順，字為名的意思作了補充解釋或修飾。如曹操，字孟德。《荀子・勸學》篇說：「生乎由是，死乎由是，夫是之謂德操。」德操即道德操守，字為名作了解釋和補充。還有的字是名的意義延伸。如李白字太白，太白指太白金星，這是對「白」的延伸；又如杜牧字牧之，延伸了「牧」的意思。

85

「河東獅吼」說的是誰的故事？為什麼這樣稱呼兇悍的老婆？

「河東獅子」是古人對悍妻的稱呼。這個說法源自北宋文學家蘇軾的一首詩〈寄吳德仁兼簡陳季常〉中的句子。南宋學者洪邁在《容齋三筆・陳季常》中寫道：「陳慥字季常，公弼之子，居於黃州之岐亭，自稱『龍丘先生』，又曰『方山子』。好賓客，喜蓄聲妓，然其妻柳氏絕凶妒，故東坡有詩云：『龍丘居士亦可憐，談空說有夜不眠。忽聞河東獅子吼，拄杖落手心茫然。』」「河東」是柳氏的郡望，暗指蘇東坡好友陳季常的柳氏夫人，又因為陳季常好談佛，而佛家有「獅子吼則百獸驚」之語來比喻佛教神威，故以此佛家語來戲謔他。

後人對河東獅子吼的故事多有發揮。明代汪廷訥就寫了一齣《獅吼記》，故事大意是陳慥因為妻子柳氏沒有生育，所以很想娶妾，但柳氏生性奇妒，防範很嚴。最後經過蘇東坡與佛印等的感化，柳氏幡然悔悟，同意了丈夫的要求。《獅吼記》中不乏對柳氏凶妒的描寫。其中「跪池」一折十分精彩。陳慥應蘇東坡之邀前往遊春，柳氏擔心其狎妓，不許他去，陳誓天保證「如果有妓，願意罰打」，柳氏方才答應。但後來柳氏打聽到果然有個叫琴操的妓女和丈夫一起遊春，於是勃然大怒。陳季常一到家，柳氏就要用青藜杖責打他，陳只好苦苦哀求，好不容易才改為罰跪在池邊。恰巧蘇東坡來了，看到陳慥跪池，認為是男子的奇恥大辱，便責備柳氏。柳氏覺得蘇東坡不但引誘丈夫去遊蕩，還來干涉自家事情，太過分了，就把他趕了出去。最後，還是陳慥卑躬求饒，才消除了柳氏的氣惱。

雖然後人想像的柳氏妒悍非常，可是也有人認為蘇軾詩中的「河東獅子吼」根本不是指她，而是指陳季常精通佛理的朋友柳真齡。陳與柳在一起談佛時常受到柳的當頭棒喝，故有「河東獅子吼」一說。事實上，柳氏夫人出身望族，體弱多病，也並未阻止陳季常納妾生子，何況能安於「隱居岐亭」的夫人，恐怕不是凶妒之人。不管怎麼說，為柳氏翻案為時已晚，後世多用河東獅吼來比喻妒悍的妻子發怒或者戲謔懼內的人。

延伸知識 在男尊女卑的古代社會，有沒有怕老婆的人？

怕老婆可不是現代才有的現象，即使是在講究三從四德、男尊女卑的古代社會，怕老婆的人也不勝其數。

最早載入史冊的怕老婆名人恐怕要數春秋戰國時期刺殺吳王僚的勇士專諸了。據說他和人打架的時候，有萬夫莫敵之勇，但只要妻子一叫，馬上就乖乖地回家了。

歷史上怕老婆的皇帝也很多，漢高祖劉邦落魄的時候，對他的老婆（也就是後來的呂后）言聽計從；晉惠帝對他的老婆賈南風更是畏懼；最有名的懼內皇帝大概是隋文帝了，雖然史稱獨孤皇后「家世貴盛而能謙恭，雅好讀書，言事多與隋主意合」，在政治上很有才幹。但她卻是奇妒無比，以至「帝甚寵憚之」，就是皇帝對她又愛又怕。隋文帝的五子二女都是嫡出，這在封建王朝中即使不算絕無僅有，也是極為罕見的。由此可見獨孤皇后的妒性非同一般。就算獨孤皇后處處提防，使「後宮莫敢進御」，可是也難免有百密一疏的時候。隋文帝覓得一個空檔，偷偷臨幸「有美色」的尉遲迥的孫女。獨孤皇后發覺後怒不可遏，趁著隋文帝聽朝的機會殺死了她。隋文帝非常生氣，可是天子一怒，不是「伏屍百萬，流血千里」，而是離家出走：「單騎從苑中出，不由徑路，入山谷間二十餘里」，連皇帝都不想當了。大臣們慌了手腳，高熲、楊素連忙追趕，扣馬苦諫。好說歹說，鬧到半夜，總算把皇帝勸了回來。獨孤皇后也知道這回事態嚴重，痛哭流涕地認錯，事情總算平息了。隋文帝的面子是找回來了，可憐的尉遲美人卻是白死了。

皇帝尚且如此，大臣們懼內的就更多了。據說在唐朝時，高官怕老婆是一種常見現象。也許一方面是因為官員們受過良好教育，對妻子多敬愛有加，另一方面也和高官的妻族通常頗有勢力有關吧。

86

賠了夫人又折兵，說的是三國時孫、劉兩家的故事，孫權真的把妹妹嫁給劉備了嗎？

《三國演義》給我們留下很多令人津津樂道的故事，「周郎妙計安天下，賠了夫人又折兵」就是其中之一。

這個故事是這樣的：周瑜見劉備佔據荊州不還，便勸說孫權假意將妹妹孫尚香嫁給劉備，騙劉備到江東作人質以換取荊州。沒想到事情被孫權的母親吳國太識破，她看重劉備是真正的英雄，孫尚香也自願嫁給劉備，在諸葛亮的巧妙安排下，孫尚香隨劉備一起返回了荊州。最後孫權不但沒有得到荊州，反而弄假成真，將親妹妹賠了出去。

這段故事還是有歷史依據的，孫權確實將妹妹嫁給了劉備，不過細節則與羅貫中的描寫大相徑庭。晉陳壽所著《三國志・劉備》中就有一段孫權嫁妹的記載：「先主表琦為荊州刺史……群下推先主為荊州牧，治公安。權稍畏之，進妹固好。先主至京見權，綢繆恩紀。」說的是劉備作了荊州刺史後，孫權為了與劉備交好，便將妹妹嫁給了劉備。這樁婚姻自一開始就是政治聯姻，孫夫人嫁給劉備的時候頂多二十出頭，而此時的劉備則已年近半百。這對夫妻的婚後生活並不如意，幾乎沒什麼感情。過了沒多久就鬧分居，劉備為孫夫人在駐地附近單獨修建了一座城池。隨著劉備與東吳之間的關係日益緊張，這樁政治婚姻再也維持不下去了，孫權在劉備取得蜀地之後，派船隊到荊州接孫夫人還吳。孫夫人在結婚之後一直撫養著阿斗，因此還計畫帶阿斗一起回東吳，不過沒有成功。東晉習鑿齒所著《漢晉春秋》中是這樣記載的：「先主入益州，吳遣迎孫夫人。夫人欲將太子歸吳，諸葛亮使趙雲勒兵斷江留太子，乃得止。」至於孫夫人回東吳之後過著怎樣的生活，就不得而知了。不過按照當時的習俗，她很有可能另擇貴夫而嫁，而不是《三國演義》中描寫的守寡多年，最後為劉備殉情。

至於孫尚香這個名字，正史中是沒有記載的。三國時期的吳國對王室女子並沒有完整的記錄，這位元孫夫人到底是嫡出還是庶出也無法考證。孫尚香這個名字應該是後人所杜撰的。

延伸知識｜銅雀台真的是曹操為大喬、小喬而建的嗎？

說起三國時期的美女，能夠與貂嬋齊名的，大概要數大喬，小喬了。陳壽的《三國志》中記載：「孫策親自迎周瑜，授建威中郎將，即與兵二千人，騎五十匹。瑜時年二十四，吳中皆呼周郎。……時得喬公二女，皆國色也。策自納大喬，瑜娶小喬。」裴松之注此傳：「策從容戲瑜曰：喬公二女雖流離，得吾二人做婿，亦足為歡。」大喬、小喬的美貌由此可見一斑。

銅雀台修建於建安十五年，在今河北臨漳縣三台村，尚有遺址可尋。《臨漳志》中記載它：「高五十七丈，有堂百餘間，窗皆銅龍，日光照耀。上加銅雀，高一丈五尺，舒翼若飛。」據說銅雀台造好後，每間房裡都安置一個絕色美女，供曹操縱逸歡樂。甚至曹操臨死時，還吩咐將他的妾侍和藝妓都安置在銅雀台，放上曹操生前的睡床，每天由她們「上酒脯粻糒之屬」；每月初一、十五，「輒向帳前作伎樂」，一如曹操生前。

雖然有經世大志的曹操未必如此沉迷於享樂，但還是給後人留下了無限的想像。後世有關銅雀台的詩詠很多，其中一首流傳很廣的是唐代詩人杜牧的〈赤壁〉：「折戟沉沙鐵未銷，自將磨洗認前朝。東風不與周郎便，銅雀春深鎖二喬。」就是這首詩，將曹操修建的銅雀台與二喬聯繫起來。受此啟發，明人羅貫中的《三國演義》稱赤壁之戰以前，曹操就因為仰慕二喬的美貌而修建銅雀台。其實這純屬無稽之談，赤壁之戰發生在建安十三年，而銅雀台是在兩年之後才動工建造的，而且二喬也從未到過銅雀台。因此，銅雀台恐怕與二喬沒有關係。

87

「吃豆腐」為什麼是占女孩便宜的意思？

據說，豆腐是淮南王劉安煉造仙丹時無意間發明的，後來被當作食物，可用以製作多種菜餚。豆腐鮮美可口，營養豐富，經濟實惠，易於消化，因此深受民眾喜愛。不僅如此，中醫還認為，經常吃豆腐，有益中和氣，生津潤燥，清熱解毒，消渴解酒等功效，還可以防治呼吸道及消化道疾病。所以清代詩人袁枚在《隨園食單》中就說：「豆腐得味遠勝燕窩。」

可是，現在經常使用的「吃豆腐」一詞，可就不是食用豆腐這麼簡單的意思了。這裡所說的「吃豆腐」，是占女孩子便宜的意思，有時候甚至可以視為「性騷擾」的含蓄說法。雖說意思不同，但「吃豆腐」一詞卻跟食用豆腐暗有關聯。有人認為，「吃豆腐」的說法與民間常有「豆腐西施」的戲稱有關：豆腐店老闆娘因常食豆腐而細皮嫩肉，為招徠顧客難免有賣弄風情之舉，便引得周圍男人以「吃豆腐」為名到豆腐店與老闆娘調情。於是，「吃豆腐」就成為男人輕薄女人的代名詞。

當然，另外一種說法可信度更高：舊時喪俗有「吃豆腐」的習慣。喪家準備的飯菜中必有豆腐，所以去喪家弔唁吃飯叫「吃豆腐」，也叫「吃豆腐飯」。不少人為填飽肚皮，只好厚著臉皮去吃不必付錢的飯，日後，「吃豆腐」便有了佔便宜的意思。

延伸知識——豆腐是如何發明的？

中國是豆腐的故鄉，這種傳統美食的歷史可以追溯到漢代。據五代謝綽《宋拾遺錄》載：「豆腐之術，三代前後未聞。此物至漢淮南王亦始傳其術於世。」明代李時珍的《本草綱目》、葉子奇的《草目子》、羅頎的《物原》等著作，都把豆腐的發明歸功於西漢淮南王劉安。

據說，劉安的這項發明得益於他的神仙夢。劉安是漢高祖劉邦的孫子，被封為淮南王。他生性喜好煉丹之術，潛心煉丹欲求長生不老。眾所熟知的成語「雞犬升天」就和他有關，傳說他最後服食丹藥而羽化成仙，剩下的藥渣被家裡的雞和狗吃了，結果也都飛升上天，這就是人們所說的「一人得道，雞犬升天」。劉安一生耽於修煉丹藥，他在一次煉丹過程中用磨製的豆汁來培育丹苗，結果豆汁與鹽鹵意外凝結成美味可口的「豆腐」，並且還走進了千家萬戶的廚房中。

豆腐不僅味美價廉、營養豐富，還具有養生保健的作用，自問世以來，頗受大眾喜愛。北宋文學家蘇軾就嗜吃豆腐，還親手自製了私房菜「東坡豆腐」。據說康熙皇帝下江南時，吃膩了山珍海味，一見到家常的豆腐，立刻龍顏大悅、大快朵頤。豆腐真堪稱是雅俗共賞的美食了。不僅如此，豆腐還翻山渡海，傳播到其他國家。據說唐代僧人鑑真東渡日本時，曾帶去了豆腐製作的方法，經改良之後成為「日本豆腐」，廣受好評。朝鮮、泰國、馬來西亞、新加坡、印尼、菲律賓等周邊國家也從中國學到了豆腐製作的技藝，並形成了有各地特色的美食。

88 有冬瓜、西瓜和南瓜，那有沒有北瓜呢？

冬瓜美容養顏，西瓜消暑解渴，南瓜味美價廉，都是受人推崇的好東西。這三種瓜的名稱裡都帶有一個方向字（目前稱為冬瓜的大型瓜，早先曾以產於東海之濱者為品質最佳，因此有說冬瓜之「冬」為「東」的諧音），卻單單少了個「北瓜」。那麼，世上到底有沒有北瓜呢？

民間有傳說稱人間原本有東、西、南、北四瓜。唐朝時，唐太宗無意中幫助大臣魏徵誅殺了東海龍王，因此東海龍王一狀告到地府，要求結義兄弟唐太宗履行同年同月同日死的誓言。為了避免同死的命運，唐太宗在魏徵的指點下，派遣劉全到地府進獻北瓜求情。於是，唐太宗保住了性命，可是人間也從此沒有北瓜了。想想看，誰會願意吃去地府報到的蔬果啊！這麼說來，之所以沒有北瓜，大概也與對閻王爺的禁忌有關吧。

當然，傳說只是傳說。北瓜的說法其實也是有的，只不過使用的範圍比較小，因而不被大眾所瞭解。北瓜有兩個意思，一是在部分地區的方言裡指南瓜；二是指西瓜的變種。在清人劉灝所著的《廣群芳譜・

果譜十四・西瓜》中就說：「北瓜，形如西瓜而小，皮色白，甚薄，瓤甚紅，子亦如西瓜而微小，狹長。味甚甘美，與西瓜同時。想亦西瓜別種也。」可見，北瓜這個名稱在當時就已經存在了。

現在某些地方也用北瓜指南瓜、櫛瓜、西瓜變種等蔬果，這些不同的說法表現了區域文化的差異。也許有一天，大家會認同一種「北瓜」，到那時，東（冬）、西、南、北西瓜就能重新聚首了。

延伸知識 黃瓜明明是綠的，但為什麼要叫黃瓜呢？

黃瓜是現代人經常食用的蔬菜之一，它營養豐富、清涼爽口，經常食用還有降低血脂、促進新陳代謝和血液循環的效果。有意思的是，成熟的黃瓜一般是通體綠色，卻為何得名「黃瓜」呢？

其實，黃瓜以前可不是叫黃瓜，而是叫「胡瓜」。據說，黃瓜最早是由西漢時出使西域的張騫帶回來的。古時將西北地方的少數民族及西域諸國，泛稱為「胡」，很多經西域傳入中原的東西，都帶著「胡」字，如胡蘿蔔、胡桃、胡椒、胡麻、胡豆等，所以當時就將這種蔬菜叫作胡瓜。

關於胡瓜為什麼改名為「黃瓜」有兩種說法。一是依照唐代吳兢《貞觀政要・慎所好》

記載：隋煬帝性好猜防，專信邪道，大忌胡人，乃至謂胡床為交床，胡瓜為黃瓜。杜寶在《拾遺錄》中也從旁證實了這個說法：隋大業（隋煬帝年號）四年避諱，改胡瓜為黃瓜。照此說來，胡瓜改名是因為隋煬帝楊廣對胡人有所忌憚，所以將日常生活中有「胡」字的事物都改了名字，胡瓜也就成了黃瓜。另外，也有說法稱，胡瓜改名是為了避石勒的諱。《本草綱目・菜三・胡瓜》中就引前人的話稱：北人避石勒諱，改呼黃瓜。西晉末年到北魏統一北方之前，少數民族曾先後在北方建立了五個政權。其中後趙王朝的建立者就是石勒。石勒是少數民族羯族人，他對稱呼羯族人為胡人很不滿意，便下令嚴禁使用「胡」字。從此，胡瓜就改稱黃瓜了。

89

「秋波」當然不是指秋天的菠菜，那秋波又是什麼呢？

秋波的本義就是指秋天的水波，常用以比喻美女的眼睛，形容其清澈明亮。眼睛是心靈的窗戶，是臉上最傳神的地方。《晉書・文苑傳・顧愷之》中就記錄了著名畫家顧愷之的一段話：「愷之每畫人成，或數年不點目精。人問其故，答曰：『四體妍蚩，本無闕少於妙處，傳神寫照，正在阿堵（六朝人口語，意思是這個，指眼睛）中。』」可見眼睛有多麼傳神。

詩文中將眼睛比作秋波，較早的當數南唐後主李煜。他所作的〈菩薩蠻〉中有句：「眼色暗相鉤，秋波橫欲流。」把小周后的眼睛比喻為清澈明亮、脈脈含情的秋天水波，令人神往。不過真正提升「秋波」知名度的詩句出自蘇軾的〈百步洪〉：「佳人未肯回秋波，幼輿欲語防飛梭。」蘇軾在這裡用了一個晉代的典故。《晉書・謝鯤傳》中有一段故事，說的是謝鯤家住在建康（今南京），鄰居高姓人家有個女兒，長得很美。謝鯤就去挑逗她。當時那女子正在織布，怒他無禮，隨手拋出織布的梭子打他，正巧打在他的嘴上，結果把他的兩顆門牙都打斷了。時人為此作了歌謠：「任達不已，幼輿（謝鯤的字）不齒。」

自宋代以後，用秋波比喻美女的眼睛就更常見了。想想看，泛起層層波紋的秋水怎能不讓人心懷蕩漾呢？難怪《西廂記》裡的張生在鶯鶯的秋波一轉間種下了相思病的病根。後世又出現了「暗送秋波」一詞，來比喻男女間暗自傳送愛慕之情。

延伸知識 為何稱年輕女子的細腰為「小蠻腰」？

今天，我們看到年輕女子纖細靈活的腰肢時，就會用「小蠻腰」一詞來形容。楊柳細腰，不管在古代還是現代，都是女子們追求曲線美的目標。同時，不盈一握的纖腰，也是男人們審美的最愛。為此，無數女子受盡折磨，在古代有「楚王好細腰，宮中多餓死」，而現代女子為了瘦身纖腰付出代價的，更是不計其數。

人人都追求小蠻腰，可是為什麼細腰會叫作「小蠻腰」呢？這個「蠻」字和蠻夷的「蠻」有關係嗎？有一種說法就認為它們之間有關聯，根據就是「楚王好細腰」的故事，而當時楚國所處的地理位置，常常被視為蠻夷之地，所以細腰便叫作「楚腰」或者「蠻腰」了。當然，這種說法不足為信，因為即使是在春秋戰國時代，位處南方的楚國也不屬於蠻夷的範圍，楚國文化多姿多彩，相較中原文明毫不遜色。

蠻腰的真正來歷恐怕與唐代詩人白居易有關，確切的說是跟他的兩個歌伎有關。古代士人多有豢養女伎的習慣，白居易就有兩個特別寵愛的歌伎：姬人樊素，善歌；伎人小蠻，善舞。白居易還曾為她們寫詩讚美：「櫻桃樊素口，楊柳小蠻腰。」可見這櫻桃小口和楊柳蠻腰不僅要生得小巧可人，還得有能歌善舞的真本領。

不過說點題外話，當時白居易的職位是刑部侍郎，官正四品，按朝廷規定只能蓄女伎三人，但他的家伎除了樊素和小蠻以外，專管吹拉彈唱的還有上百人。當然，不管白居易是否違反規定，他的詩文成就是有目共睹的。楊柳娉婷，嫋娜多姿的女性風韻，透過「小蠻腰」一詞躍然紙上，也難怪小蠻腰會成為細腰的代名詞，流行千年不衰了。

90 「閉門羹」的意思是拒客，但「閉門」是怎樣與「羹」有關連的呢？

要說閉門羹，就先從「羹」說起。羹的歷史很悠久，在《詩經》中就提到了。羹在古代指的是用肉或蔬菜等調和五味製成的帶濃汁的食物，在古時很常見。如《史記・項羽本紀》中記載，項羽將劉邦的父親扣為人質欲「烹太公」時，劉邦說：「吾翁即若翁，必欲烹而翁，則幸分我一杯羹。」可見羹是古時常見的飲食。現代意義上的羹則多指蒸煮製成的濃汁或糊狀的食物。如魷魚羹、豆腐羹、肉羹等等，都廣受人們的喜愛。

那麼「閉門」為何和「羹」有關呢？說起來有趣，最初的閉門羹還真是有羹可吃的。這個說法源自唐代馮贄《雲仙雜記・迷香洞》中記載的一段故事：「史鳳，宣城妓也。待客以等差……下列不相見，以閉門羹待之。」說的是唐代時，宣城（今屬安徽）有一個叫作史鳳的女妓，她才貌雙全，追求者甚多。但史鳳自有一套判斷客人等級的標準，就是先看客人所作的詩文。只有認為是值得接待的客人，她才會邀他們登堂入室，盡興而歸。如果她覺得來的客人粗俗淺薄，不值得一見，就擺上一份羹招待客人而自己不露面，從而委婉地拒絕客人。「閉門羹」也就從此得名，流傳至今了。

據說，史鳳的「閉門羹」是用豆腐和鴨腸做原料的，之所以用這些不值一提的原料來做這道菜，就是為了表示主人對來客的輕視。不過，大概史鳳也沒想到，正因為她的拒絕方式之奇，專門來嘗「閉門羹」的人也還不少。如今，「閉門羹」甚至成為安徽的傳統名菜了。

延伸知識 「打牙祭」和祭祀有關嗎？它是怎麼得名的？

打牙祭一詞並不陌生，就是吃肉，改善伙食，涵意雖簡單，但它的來歷和背景知識卻意蘊豐富。首先從「祭」字的本意來看，就是祭奠、祭祀。古代人尊重祖先亡靈，對於祭祀非常重視。每逢重要節日都要告祭先人，有什麼好吃的東西都要惦記著先給死去的親屬享用。而祭祀時，肉是最常見的祭品，天子要敬奉太牢（羊、豬、牛），諸侯要貢獻少牢（羊、豬）。普通民眾也要供奉豬肉，但數量不多。百姓們將肉放在祖先神龕前，點上冥紙、蠟燭傳信亡靈享用。祭了祖先之後，再將那一小坨肉切細「祭」自己的牙齒，於是便有了「打牙祭」之說。

因為古人生活水準不高，先秦時期只有上了歲數的老人才能食肉，《孟子》裡的理想社會標準是「七十者可以食肉矣」。一年之中，祭祀祖先留下的肉並不多，所以凡有機會吃肉，統統被戲稱為「打牙祭」。人們常把打牙祭當作難得的事，「打牙祭」這一俗語也便在社會上廣泛流傳，帶給人們無窮的歷史回味。

據說，民間的工商業規定對員工，每月初二、十六各給一次肉食。清代吳敬梓所寫《儒林外史》第十八回，就記載說：「平時每日就是小菜飯，初二、十六跟著店裡吃牙祭肉。」

91 古代有沒有女子可以參加的體育活動？

女性現在可以參加的體育項目非常多樣化，可是在古代，允許女子參加的體育活動有哪些呢？史料記載中的古代女子運動也不少，有蹴鞠、投壺、盪秋千、相撲等。

蹴鞠可能是古代女子從事最激烈的體育運動。早在漢代就有了女子蹴鞠，唐代時女子蹴鞠更加盛行，宮廷女子也熱衷於此，教坊司還專門設有蹴鞠內人。唐人曾作有〈內人踢球賦〉述當時女子踢起球來，「雷聲婉轉，進退有據」，可謂技巧高超。到了宋代，從皇宮貴族到平民百姓無不熱愛這項體育運動，因此女子蹴鞠更是興盛，宮廷還建立了專門的女子蹴鞠隊，宋末馬端臨《文獻通考》中記載，女隊員們「衣四色，繡羅寬衫，繫錦帶，踢繡球，球不離足，足不離球，華庭觀賞，萬人瞻仰」。到了明清時期，女子盛行裹足，限制了女子參與球類運動，因此踢毽子成了女子運動的新寵。

投壺原是古代士大夫宴飲時做的一種投擲遊戲。春秋戰國時期，諸侯宴請賓客時的禮儀之一就是請客人射箭。那時，成年男子不會射箭被視為恥辱，主人請客人射箭，客人是不能推辭的。後來，有的客人確實不會射箭，就用箭擲入酒壺代替。秦漢以後，這種遊戲在士大夫階層中盛行不衰，每逢宴飲，必有「雅歌投壺」的節目助興，其規則也逐漸詳細和完備。宋代司馬光曾著有《投壺新格》一書，詳細記載了壺具的尺寸、投矢的名目和計分方法。投壺在貴族女子中也廣為流行，《鏡花緣》中百美遊園時，就曾玩過投壺遊戲。宋代以後，投壺遊戲之風逐漸衰退，僅斷續地在士大夫中進行。

盪秋千是古代女子重要的運動娛樂方式。傳說秋千是由春秋時北方的山戎所創，最初僅是一根繩子，雙手抓繩而盪。後來，秋千傳入中原，逐漸演化成用兩根繩索懸掛於木架、下綁踏板的秋千。盪秋千是寒食節時的習俗，《天寶遺事》中說：「宮中至寒食節，築秋千嬉笑為樂，帝常呼為半仙之戲。」盪秋千時，女子衣袂飄飄於半空之中，就像乘風飛舞的仙子，給人一種空靈瀟灑的淋漓之美，因此秋千佳人也成為文人詩詞中常見的美好意象。宋代蘇軾的〈蝶戀花〉：「牆裡秋千牆外道，牆外行人，牆裡佳人笑。笑聲不聞聲漸悄，多情卻被無情惱。」李清照的〈點絳唇〉中也描寫：「蹴罷秋千，起來慵整纖纖手。露濃花瘦，薄汗輕衣透。」可見盪秋千受女性喜愛的程度。

相撲古稱角觝，與摔角類似。古代的女子相撲最遲在三國時期就已經有了。晉人虞溥在《江表傳》中描寫了東吳皇帝孫皓，命令宮女頭戴貴重的首飾和假髮髻作相撲表演以取樂的情形。到了宋代，女子相撲成為民間藝人謀生的手段。當時著名的女子相撲手有賽關索、囂三娘、黑四姐等。由於相撲時須裸體，僅著一短褲，因此引起了司馬光等士大夫的不滿。司馬光在〈論上元會婦女相撲狀〉中說：「今月十八日，聖駕御宣德門，召諸色藝人，令各進技藝，賜與銀絹，內有女人相撲，亦被賞賚。」他認為「今上有天子之尊，下有萬民之眾，后妃侍傍，命婦縱觀而使婦人裸戲於前，殆非所以隆禮法示回方也」。因此要求皇帝頒發法令「嚴加禁約，今後婦人不得於街市以此聚眾為戲」。此後，女子相撲便式微了。

延伸知識—蹴鞠

蹴鞠是中國古代的一種體育運動，也就是踢足球，是古人練武、健身、娛樂的一種方式，相傳為黃帝所創。

早在戰國時代，蹴鞠就已經非常流行，最初主要作為訓練武士之用，後來被民眾廣泛接受。在當時的齊國都城臨淄「甚富而實，其民無不吹竽鼓瑟，彈琴擊筑，鬥雞走狗，六博蹴鞠」（《史記・蘇秦列傳》），可見其受歡迎的程度。到了漢代，從宮廷到民間的蹴鞠活動都很盛行，有些貴族家中還蓄有球技高超的「鞠客」。當時的蹴鞠主要有兩種形式，一是以音樂伴奏為主的蹴鞠舞，踢時不受場地限制，表演者以自己的技巧在音樂伴奏下踢出各種花樣。另外一種是在球場上進行的對抗賽。這種比賽有專門的球場——蹴城，球場的兩端各有六個球門，叫蹴室。據東漢李尤在《蹴城銘》中的描述，比賽時雙方各出六名守門員，並有正副裁判執法，還有一套通用的競賽法則，可以說與現代足球有許多共通之處。

漢時的「鞠」——也就是球——是用熟皮做外殼，內部填充某些材料製成的。到了唐代，出現了充氣的鞠，球殼發展為由八塊皮縫製而成，形狀更接近圓形。因為球體輕了，所以球門也加高了，通常是在兩根三丈高的竹竿上結網而成球門。隋唐時期的蹴鞠有了新的玩法，即在場地中間立單球門，比賽時雙方隊員分立球門兩側，以各種有難度的姿勢將球踢進球門，以「數多者勝」，這種比賽形式也被稱為間接對抗。

宋代是蹴鞠的鼎盛時期，社會各階層人士都喜愛蹴踘，《水滸傳》中的高俅還因為擅長蹴鞠而平步青雲。宋代盛行表現個人技巧的踢法，即「白打」。據說宋太祖、宋太宗都是白打高手。白打發展出了「解數」，也就是套路，古人還給一些高難度動作取了名稱，例如轉乾坤、燕歸巢、斜插花、風擺荷等等。此外，民間還出現了類似足球俱樂部的蹴鞠藝人組織，如齊雲社就是南宋時臨安最有實力的蹴鞠組織。

元明以後，蹴鞠逐漸成為純娛樂的遊戲形式，甚至常常與淫樂有關。元明時代的妓女就常常以蹴鞠來取悅客人，以至於朱元璋下令軍中不得蹴鞠。到了清代，蹴鞠漸漸退出了歷史舞台，最後被現代足球所取代。

92
古人怎樣洗澡？

洗澡是現代生活中不可或缺的一件事情，古代也是如此。洗澡是到唐代才出現的詞，之前古人將洗澡稱為沐浴——沐是指洗頭髮，浴則是指洗身體。西周時，就有專人侍奉天子沐浴：「宮人掌王之六寢之修，為其井匽，除其不蠲，去其惡臭，共王之沐浴。」（《周禮・天官・宮人》）此外，沐浴還與禮儀密切相關。如在舉行重大的祭祀活動之前，有專職官員負責天子和諸侯的沐浴，以示對神靈的敬肅。諸侯朝見天子時，也需沐浴齋戒後才能覲見。因此周天子王畿內賜予諸侯沐浴的封邑便叫作「湯沐邑」。沐浴還是古代婚喪禮俗的一部分。如《儀禮・士婚禮》記載：「夙興，婦沐浴笄，宵衣以俟見。」死者也要在沐浴之後才穿上殮衣被放入棺材。

秦漢時已有三天一洗頭、五天一洗澡的禮儀，《禮記・內則》中說：「五日則湯請浴，三日具沐。其間面垢，潘請；足垢，湯請洗。」潘是指洗米水，有去汙作用。湯則是指熱水。漢代時規定：「五日一賜休沐，得以歸休沐出謁。」也就是官員每五天給假一天，可以回家休息沐浴，稱為「休沐」。《太平廣記

‧董奉》中記載「十數日，病者身赤無皮，甚痛，得水浴，痛即止。二十日，皮生即愈，身如凝脂。」董奉是三國時代的名醫，由此可見，那時的人們就已經懂得藥浴。唐代孫思邈的《千金方》中也記載了藥浴的藥方。

唐時，溫泉浴成為王公貴族的新寵，當時著名的溫泉有：新豐驪山湯，藍田石門湯，岐州鳳泉湯，同州北山湯等。皇室還在今陝西臨潼專門建溫泉度假行宮——華清宮，供帝王享用。宋元時士大夫愛好沐浴已蔚然成風，陸游〈自笑〉詩的自注中就記載他「臘月五日湯沐、按摩幾半日」。客人遠道而來，主人相迎也要先設香湯給客人沐浴，再擺筵席招待，接風洗塵。宋代的中等人家多建有浴室，家裡沒有浴室的人也可以到「混堂」中痛快地洗個熱水澡。

混堂也就是公共浴室，這種公共設施到明清時代一直都很受歡迎。明郎瑛《七修類稿‧義理‧混堂》中介紹了當時混堂的構造：通常用大石塊砌成澡池，以磚修建穹頂。後面有大鍋與澡池相通，有專人燒水，熱水經轆轤傳至池水而與之混和，供人們洗浴。至於洗浴的頻率則因人而異，有人是要天天進混堂的，如清李斗《揚州畫舫錄‧小秦淮錄》：「（華）喦多癬疥，日必入混堂浴。」

延伸知識——揚州搓澡

說起揚州，很多人會想起「青山隱隱水迢迢」的瘦西湖，「玉人何處教吹簫」的二十四橋，還有「揚州搓澡」。

明清時代的揚州地處大運河沿岸，是重要的貨物集散地，各地客商往來雲集，揚州也因此而繁華鼎盛。城裡的公共浴池數以百計，「凡堂外有立廂、有座廂、有涼池、有暖房、有茶湯處、有剃頭修腳處；堂內之池取乎潔，用白礬石界為一、四，池之水溫涼各池不同」。揚州有句俗語叫「早上皮包水，晚上水包皮」，說明了揚州傳統的生活習慣：「皮包水」說的是揚州人喜愛的早點灌湯包，「水包皮」說的就是在浴室裡洗澡了。既然洗澡已經成為一種生活方式，也就自然有人研究如何讓洗澡更舒服了。

揚州搓澡就在這樣的背景下發展起來。揚州搓澡以細膩見長，手輕勁勻，講究「四輕四重四周到」。輕者，喉乳肋小腿；重者，背膀臀大腿；周到者，手夾腳丫腿根腋下。手法有掌搓、魚際、指搓等，講究機處於外，巧生於內，手隨心轉，法由手出，發展出一套完整的手法。揚州搓澡名揚天下，據說還跟乾隆皇帝有關。當年乾隆微服私訪，在揚州四處遊玩後，十分疲憊，便入鄉隨俗地享受了一回揚州搓澡。結果相當滿意，還題了十八字：「揚州搓背，天下一絕，修腳之功，乃肉上雕花也。」有皇帝出面做宣傳，揚州搓澡當然聲名遠播了。

93

古人沒有牙刷，那他們怎樣保持口腔衛生呢？

口腔衛生是現代人很注重的健康指標。刷牙是現在公認最方便有效的保持口腔衛生的方法。刷牙時所需的牙膏、牙刷，也已經成為必備的生活用品。我們所使用的現代牙刷的雛形據說是在西元一七七〇年前後，由威廉・阿迪斯在英國監獄裡發明的。可是根據實物出土，早在距今一千多年的遼駙馬衛國王墓葬裡，就已發現了類似牙刷的文物，顯示東方牙刷至少比歐洲早六百年出現。

雖然有不少證據顯示中國古代有類似牙刷的工具，但這種「牙刷」的使用範圍很有限，並未在社會上普及。為了追求《詩經・衛風・碩人》中形容的「齒如瓠犀」（牙齒如同葫蘆子一樣整齊潔白）的境界，古人一般使用漱口或以青鹽擦牙等方法來保持口腔衛生。如《紅樓夢》中所寫人物便多以茶漱口，或者直接利用手指揩齒清潔。古人的潔齒習慣歷史悠久，早在西元前三千年左右，中國就已有了保護牙齒、清潔口腔的記載，春秋時期的《禮記》中就說「雞初鳴，鹹盥漱」。除了漱口以外，古代還有咬楊枝清潔口腔的習慣。根據佛教經典記載，僧侶們「每日旦朝，須嚼齒木，揩齒刮舌」。即依靠咬嚼一種叫作「齒木」

的枝條，摩擦牙齒表面，同時還用它刮舌，祛除細菌，保持衛生。佛經《華嚴經》上還歸納了嚼楊枝的十大好處，如消宿食、除痰疾、解眾毒、去齒垢、發口香等。嚼楊枝也許和現在嚼口香糖的作用有異曲同工之處吧。

延伸知識｜古代也有「牙膏」嗎，它的原料是什麼？

古人同樣關心牙齒美白，尤其是有身份的上層人士更是會使用多種漱口方式來保持口腔衛生。西方牙膏進入中國是近代以後的事情，古人所使用的「牙膏替代品」，早就已經是五花八門了。

古人最早使用酒、醋、鹽水、茶及溫水漱口。酒、醋、鹽水等有解毒殺菌的作用，古人認為用鹽刷牙是治療牙周病的有效方法，「清旦鹽刷牙，平日無齒疾」。唐代孫思邈所著的《備急千金要方》也說：「每旦以一撚鹽納口中，以暖水含……口齒牢密。」古人還相信，用茶漱口可以去除油膩，調和脾胃，還能使牙齒堅硬不脫。據現代化學分析，茶中含有氟和維生素，可以防蛀，同時保持口腔清潔。說明古代主張用濃茶漱口預防齲齒，是符合科學原理的。

早在六世紀的南朝梁，就有一種名為「口齒烏髭」的東西，是由皂角、荷葉、青鹽等各種藥物研熬而成的，對牙齒口腔有增白留香、消炎鎮痛的作用，還能烏髮美容，可謂一舉兩得。「口齒烏髭」堪稱是中國有記載的最早的藥物牙膏。到了唐代，人們開始用天麻、槁本、細辛、沉香、寒水石等研粉擦齒，以香口潔齒，五代時期又出現了複方配製的潔牙劑。宋代的《太平聖惠方》中已載有詳細的藥膏藥齒法。以後古人又逐漸在牙齒清潔劑中加入清熱解毒的中藥如金銀花、野菊花、蒲公英、藿香、佩蘭等，這樣的「牙膏」不僅能保持口腔清潔，更有治療口腔疾病的作用。

俗話說：「牙疼不是病，疼起來要人命。」為了保護牙齒，古今中外的人們可真是動了不少腦筋。兩千多年前的古羅馬人就將含有碳酸鈣的浮石磨粉，用毛刷沾著刷牙。現在常見的管裝牙膏形式是十九世紀末期才開始出現的，不過當時裡面裝的是牙粉，用起來並不太方便。二次大戰之後，牙膏的化學成分才真正定型，並普遍為人們所接受。

94

古人有身分證嗎？人們怎樣證明自己的身分呢？

古代老百姓幾乎不需要證明自己的身分，如果有需要，憑書信或信物辨理即可，沒有國家統一發行的身分證明。但官員因為身分特殊，就必須持有國家統一製作的身分證明，才能確認身分，享受特權。

《太平廣記》中記載了這樣一個故事：唐憲宗元和年間，有一人得任湖州錄事參軍，在赴任途中遭劫。不但財物盡失，「告、敕、歷任文簿，悉無孑遺」，把身分證明的文件也丟個精光。這裡提到的「歷任文簿」相當於任職檔案，是記載歷次任職的文書。「敕」是敕牒，是朝廷發給的委任狀；「告」是告身，是和敕牒配合使用、證明身分的憑證。上任時，敕牒交到衙門存檔備案；告身驗明身分後，由自己保存，以後遇事另有用處。當然，《太平廣記》裡的故事結局是圓滿的。那人丟了證明文件，只得回京補辦。不但花時間，而且得花錢，弄得他窮困潦倒。正當他在旅社一籌莫展之時，恰好碰到微服出巡的宰相裴度。結果裴宰相出面幫他解決了所有難題，並送上盤纏，讓他上任去了。

歷任文簿與敕牒都是要上交的，而告身由官員自己保管，與身分證類似，但用途與如今的身分證有很大區別。首先，告身能說明官員以前任職的情況，為以後接手其他官職提供證明。其次，告身還可以作為「封妻蔭子」的憑證。古時的官宦大戶子弟，不一定非得透過科舉之途得官，他可以像《紅樓夢》裡的賈政那樣，憑藉祖上功績、皇帝加恩，賜個「主事之銜」。不過世事難預料，也許某官逝世時，其兒子年幼，或者兒子也已去世，孫子年幼，無法立刻獲得蔭庇。這時，官員的告身就可以發揮作用了。日後兒孫成年時，可以拿著父祖的告身到朝廷要求「補個官做」。

此外，唐宋時期，官員犯罪有「官當」之贖，就是用降低品級乃至取消官員資格來換取減免徒刑。具體執行的時候，就是拿出告身抵罪。如《唐律疏議・名例》解釋：五品以上官員，一級官職可用官當抵徒刑三年；九品以上官員，一級官職可用官當抵徒刑二年。也就是說，假如有個五品官犯了兩年徒刑的罪，把告身拿出來當罪，就是抵罪後還有多餘的官品，經過一年「聽敘」（即「留官察看」），再換一個六品告身還給你；假如是拿五品告身抵當三年徒刑，就叫「用官盡者」，但仍可「三載聽敘」再「降先品二等」，即察看三年後再給個七品告身。由此可見，犯同樣罪行，有告身的比無告身的佔便宜，品級高的比品級低的佔便宜。

告身有這麼多用處，那麼它是否可以偽造呢？這恐怕不是那麼容易的事情。一般認為，告身制度始於南北朝時的北周，發展到五代時期，製作就已經相當嚴格，不容易作弊了。最基本的防偽措施就是，由國家專門機構製作。據《宋史・職官志》記載，宋代時的告身由吏部屬衙官告院統一製作，所用綾錦裱帶等材料，均屬定點生產和供應的「法物」，私自「仿效織造及貿販服用者，立賞許告」。另外，持有人的形貌特點也會被寫在告身上以防止冒用。南宋王明清在《揮麈錄・前錄》卷三中說：「本朝及五代以來，吏部給初出身官付身，不惟著歲數，兼說形貌，如云『長身品，紫棠色，有髭髯，大眼，面有若干痕記』，或云『短小，無髭，眼小，面瘢痕』之類，以防偽冒。」

此外，一件告身的製作，還要經過多道程序。首先得抄錄制詞或命詞（朝廷以皇帝名義寫的任命詞）的全文，之後要寫明三代、鄉貫、年甲，並有主授長官及承辦人員的簽名、用印等。如北宋名臣范純仁於哲宗元祐三年（一〇八八年）官拜右僕射兼中書侍郎。他此次晉升的告身原物仍存於日本京都藤井有鄰館。在這件告身上，有元祐三年四月五日尚書左僕射兼門下侍郎大防（即呂大防，古代文書上有時不書姓氏）、給事中臨等人奉旨傳旨的字樣。制書由翰林學士蘇軾撰稿。四月六日做成告身，上面有左司郎中黃廉、尚書左丞摯、尚書右丞存、吏部侍郎覺等人簽名。按道理，尚書令和左、右僕射也要簽名，但告身上寫明尚書令缺職，左僕射呂大防和右僕射范純仁都是四月五日剛受命，還「未謝」，故未簽名，吏部尚書蘇頌正在休假，因此寫明「式假」。此外如吏部主事丁、令史魏宗式等具體承辦人員的姓名，也寫在告身上。

延伸知識｜古代還有其他證明身分的文件嗎？

唐朝時，魚符是證明官員身分的符信，其來源可以追溯到上古時代調動軍隊用的虎符。唐高祖避其祖父李虎之諱，於武德元年（六一八年），改用銀菟符（菟又作兔）作調兵符信，不久又改為魚符。唐高宗永徽二年（六五一年），給京朝五品以上文官配發魚符。配發魚符的主要用途是證明官員身分，便於應召出入宮門時查驗。咸亨三年（六七二年），五品以上官員賜新魚袋，以銀為飾。此後，魚袋裝飾又有因革，大抵三品以上飾金，四品飾銀，五品飾銅。武則天天授元年（六九〇年），以自家姓武且「玄武」為龜，改魚符為龜符。到唐中宗時，改回魚符。

據《新唐書・車服志》等書記載，魚符形狀像魚，分左右兩片，上鑿小孔以便繫佩。符上刻有官員姓名、任職衙門及官居品級等。當時，親王和三品以上官員所用魚符，以黃金鑄造。五品以上銀質，六品以下銅質。起初，魚符只授予在職官員，官員卸任或致仕後，要交還朝廷。唐玄宗開元九年（七二一年），詔命魚符在卸任或致仕後，不再收回，聽任佩戴，作為榮寵之證。五品以上官員，還備有存放魚符的專用袋子，即上文所說的「魚袋」。宋代時廢止魚符，但仍賜魚袋。

宋元以後出現了「牙牌」，即用象牙、獸骨、木材、金屬等製成的版片，上刻持牌人姓名、職務、履歷以及所在衙門。明代陸容《菽園雜紀》中記載：不但官員要懸牙牌，「凡在內府出入者，無論貴賤皆懸牌，以避嫌疑」。同時，牙牌的反面刻有「出京不用」四字，可見明代對牙牌的使用，有嚴格的規定。

清代又有「腰牌」一說，即繫在腰間作為出入通行證使用的牌子。我們以演劇藝人佩戴的「升平署」腰牌為例略作說明。升平署是清宮管理演劇事務的專設機構。署內演員有「內學」、「外學」之分。內學由宮內太監充當；外學則是民間戲班的專職藝人，又稱「內廷供奉」。內廷供奉多為民間藝人的佼佼者，如清末譚鑫培、王瑤卿、楊小樓等，很受皇家重視。從至今保存的實物來看，升平署腰牌是木質的，兩面都有火印，正面文字為「腰牌」（橫排）、「內務府頒發」（豎排），最下面印有滿文文字；背面有直排文字兩列，右列為「升平署」，左列是「光緒二十五年製造」，上書藝人姓名。

另外，古代社會還有一個特殊的群體，即僧人道士。由於僧道在古代社會享有一定的特權，如免稅等，因此他們也需要有身分證明。他們的身分證就是「度牒」。度牒是僧道出家時，由官府頒發的憑證。關於度牒產生的時間，《僧史略》中認為是南北朝時期，《唐會要》中則稱度牒為唐玄宗所創。有趣的是，在唐宋時期，度牒是可以出售的，其所得上交國庫，以供軍政開支。宋代紹興年間，國家戰事頻繁，賣出的度牒也就特別多，當時甚至有「無路不逢僧」之說。

95

古人如何進行土地和房屋的買賣？獲得「產權」證明有哪些方式？

古代沒有鱗次櫛比的高樓大廈，也沒有如火如荼的房地產市場，但是和土地有關的買賣活動從古到今一直存在並不斷發展著。

最晚在春秋戰國時代，相關文獻中已經記載了與土地有關的經濟活動。《漢書・食貨志》中說，「（秦）用商鞅之法，改帝王之制，除井田，民得買賣。」商鞅廢除井田制，使得一部分土地漸漸為私人所有，土地買賣在這個時候有了初步發展。當時，各諸侯國都認識到土地交易有利可圖，《左傳・襄公四年》記載了魏莊子和晉公的一段對話，魏莊子說：「和戎有五利焉。戎狄薦居，貴貨易土，土可賈焉，一也。」他告訴晉公與戎進行土地貿易是五利中的一利。除了諸侯，一些大臣將帥也重視購買土地，如西元前二六〇年，趙國中了秦國的反間計，以趙括代廉頗為將，趙母上書云：「王所賜金帛，歸藏於家，而日視便利田宅可買者買之，王以為何如其父？父子異心，願王勿遣。」說的是趙括貪財，得了賞賜之後就買地買房，以圖更多的好處。趙母用這一點來提醒趙王，但趙王不以為意。這也從另一個側面說明，買賣田宅的活動在這個時期並不少見。雖然春秋戰國是動盪不安的時代，但是各國都注意農業生產以備戰時之需，「公田」和「私田」在這時有了區隔，農民也有可能擁有「恆產」——即一塊屬於自己的耕地。

長期以來，土地買賣雖然得到社會的認可，卻沒有得到國家或法律的保護，土地買賣的手續也很不完備。漢代有一種證明土地買賣的「買地券」，內容包括買賣雙方和見證人的姓名、土地的面積和價格，但唯獨沒有官方的證明或規約。很多買地券以「他如天帝律令」、「有天帝教如律令」等警句作結語，就是「老天作證，不得反悔」的意思。可是僅靠個人信用很難保障買賣雙方的合法權益，所以漢代的豪強地主強行買賣田地和住宅的事屢見不鮮，就連權重一時的丞相蕭何也認為「置田宅必居窮處」，免得自家的田宅將來「為勢家所奪」。北魏時開始實行均田制，主要用戶籍來加強對土地所有權的牽制，土地的私有權開始得到國家的保護。到了隋唐時期，社會經濟的發展使得土地私有現象愈來愈普遍，均田制被破壞，戶籍和土地又分離開來，土地的買賣更加公開化，此時參與土地買賣的大多是王公貴族或豪強地主。中唐以後，不斷對土地買賣做出規定，目的是保證國家的賦稅收入，抑制貴族地主們的土地兼併行為。

宋代有句話叫「貧富無定勢，田宅無定主，有錢則買，無錢則賣」，田宅的交易更為活躍，交易過程中的各項細節逐漸完善。宋代的田宅買賣一般由問親鄰、合議、書面契約、過割、印契、離業等程序構成，完成這些程序以後，田宅的所有權也就完成了轉移。在這些繁瑣的程序中，契約是最重要的書面協議。此外，契約訂立之前的問親鄰程序也必不可少，賣方的親戚和四周鄰居都要問到，《宋刑統》中說：「應典賣、倚當物業，先問房親；房親不要，次問四鄰；四鄰不要，他人並得交易。」這種同等條件下親鄰享有優先購買權的做法，是地權買賣的特殊傳統習俗，唐宋官府的法律和宗族家訓中都有明確規定，詢問時一般由中間人替賣方去完成。

明清時期，土地的經營方式更多，並且出現了新的經營方式「押租制」，這和今天的押金有點相似，但那時交押金是為了能種田。這個時期還出現了「越境買產圖利佔據者」，也就是在異地買地買房的商人富戶。到了清代，社會經濟的不斷發展使房屋和土地的買賣成為一項常見的經濟活動，房屋和田地的經營活動互相關聯，很難截然分開，「房地產」一詞也在《大清會典則例》裡出現了。

延伸知識｜古代如何稱呼土地和房屋買賣的中間人，中間人有哪些職責？

從西漢開始，從事商品交易的中間人有駔儈、牙人、經紀等多種稱謂，清代以後也叫中人。牙人是對交易仲介最常見的一種稱謂，在唐代時開始有行業上的分工，大約從十世紀開始，人們把專門從事土地和房屋買賣的中間人稱為「莊宅牙人」。牙人一般由三類人擔當，一是買賣雙方或一方的熟人、親友、鄰居等；二是里長、村長、保長等；三是專業的中間人，也叫經紀人。

牙人的仲介活動不是單純地依據市場供需關係，某種程度上也受到宗族關係、法律規定等的制約。在田宅買賣中，牙人有如下職責。一是牙人必須負責驗證田業的所有權歸屬和出賣的合法性。通常由賣主以書面形式向牙人提交委託文契，寫清賣主的戶籍地址、姓名、擬賣田業種類及價格等內容。牙人接受書面委託後，需查清所售田業是否如實存在，是否已被典當或抵押，出賣人是否有權處置該田業等情況。如果交易違法，則牙人需承擔賠償責任。二是確認田業合法性之後，牙人需酌量田業的價格並依習俗尋找買主，在出價相同的條件下，親鄰可以優先購買，如果親鄰出價不如外人高，那就由出價高者所得。找到買主之後，牙人還要參與買賣雙方契約的訂立。唐宋以後的房產契約文書上都有牙人署名一項。最後，牙人還應將買賣契約呈交官府上稅蓋印。不過由於需納的稅不少，常有不備案不繳稅的情況。牙人能從仲介活動中得到佣金，五代時「每貫抽稅契錢二十文，牙人每貫收錢一百文」，也就是交易總價值的百分之十，可以說相當豐厚。唐以後佣金一般占交易價值的百分之三到五不等，「中人費」的比例和由誰承擔，依各地習俗而有所不同。

96

古代官員有退休制度嗎？

杜甫有一聯詩云：「名豈文章著，官應老病休。」（《旅夜書懷》）說出了古代官員退休的兩個主要原因：老和病。

先說說老這個因素。古代官員的退休稱為「致仕」。官員到一定年齡而致仕的做法自周代起就有。《禮記・曲禮上》云：「大夫七十而致事。」孔穎達疏曰：「七十曰老，在家則傳家事於子孫，在官致所掌職事於君，退還田里也。」意思是說，人到七十就老了，在家者應把家事傳給子孫，在朝廷當官的則把職位還給君上，以讓賢者。這些記述成為後世各個朝代官員退休年齡的基本依據。從秦漢至明代，各朝基本上沿用「大夫七十而致仕」的周例。如《西漢會要》中的丞相韋賢，他七十多歲的時候「以老乞骸骨」，皇帝賞賜他黃金百斤和一處宅第，准許他退休了。據說丞相致仕就是他開的頭。唐代時，《大唐令》明文規定：「諸職事官七十聽致仕。」將這一慣例法律化。此後宋、元、明各朝都有如此制度。清代官員的致仕年齡提前，文官六十應告退，是否允許需等待批准，武官則「自副將以下，年六十者概予罷斥」，因為軍營貴朝氣，忌暮氣，需要保持戰鬥力。但這條規定對提督、總兵之類的高級武將不適用。

如果官員身體不好，則可以提前退休。《東漢會要》中就記載了因病離職的高級官員：「尚書鄭均以病乞骸骨，拜議郎，告歸」、「太尉鄧彪以疾乞骸骨」。唐開元二十五年玄宗下詔：「老病不堪厘務者，與（同意）致仕。」元代也明文規定：「若年未及，委有疾病，自願致仕者，聽。」

當然，古代官員的退休也不是絕對的。那些對國家和人民做出過重大貢獻的文臣武將，通常不必受老病之限強制致仕。如清代康、雍、乾三朝元老徐元夢，他雖然「自以年老衰邁，不能辦理刑名事件，疏辭」，卻屢請不准。乾隆還特別下詔：「徐元夢老成望重，雖年逾八旬，未甚衰憊，可照舊供職，量力行之，不必引退。」最後他以八十四歲高齡卒於任上。再如朱熹這樣的大學問家，也沒有因老病而致仕。朱熹於宋寧宗慶元元年（一一九五年）「夏乞致仕不允」，又過了四年「乞致仕」，仍未獲允。直到「六年（一二〇〇年）春二月辛酉改《大學誠意》章，甲子以疾終於正寢……享年七十有一。」

延伸知識 古代官員退休之後的待遇如何？有養老金嗎？

官員退休之後的待遇主要是物質待遇和政治待遇兩方面。

以物質待遇而言，雖然養老金、退休金等概念是現代社會才有的，但古代官員退休後也不是一點保障都沒有。致仕以後的物質待遇可以分為兩類，一種是「特恩」，即皇帝給的特殊恩典。就現存的文獻記載來看，在西漢成帝以前，官員致仕時通常會得到皇帝賞賜的金銀、米穀、束帛、車馬、衣冠、醫藥、宅第、土地、耕牛、佃戶之類，數量及名目因人而異。這種「特恩」，以後歷代都有。再就是根據在職時的俸祿給一定比例的「退休金」。據《通典》記載，西漢成帝陽朔二年（西元前二三年）時規定：「俸（祿）凡吏比二千石以上年老致仕者，三分故祿，以一與之，終其身。」明文規定在職時俸祿為二千石（相當於郡守級別）以上的官員，從致仕至壽終，可領取原俸的三分之一作養老之用。漢成帝以後各朝，「致仕給祿」制度，雖因年齡、品級、功勞而有所區別，但「食俸祿」始終是退休官吏最基本的生活保障。因為官員致仕，朝廷要給物質待遇，故而在唐代以前，官吏致仕僅限於五品以上的中、高級官員。宋以後，品級限制才逐漸放寬甚至取消。

除了物質待遇之外，朝廷還會給退休官員一定的政治待遇。政治待遇大概可以分為四類。一是加銜晉級，這又分皇帝特恩和依照慣例兩種。唐、清兩代給退休官員加授級銜需要特恩，宋、元、明等朝則依照慣例，如宋朝規定「凡文武朝官內職，引年辭疾者，多增秩（俸祿、職位、品級）從其請，或加恩其子孫」。二是冠帶致仕，即官員退休後，仍可穿原來品級的官服。如明宣宗宣德十年（一四三五年）詔：文武官未及七十，老疾不能任事者，皆令冠帶致仕，免其雜泛差徭。明英宗天順四年（一四六〇年）令：老疾者致仕，罷軟者冠帶閒住。冠帶致仕使這些官員看起來還是現職，但實際上是將他們養起來，騰出位置給有能力的人。三是給子孫蔭補、承蔭的機會。古時多數朝代的官僚有承蔭制度。如宋朝規定：「致仕蔭補：曾任宰相及見（現）任少使相者（可蔭補）三人；曾任三少相執政見任少使相者（可蔭補）二人；太中大夫及曾任尚書侍郎及右武大夫以上，並曾任諫議大夫以上及侍御史（可蔭補）一人。」元朝也有「承蔭」之制，但只限於正七品以上官吏享受。這相當於解決了子孫後代的就業問題。四是其他禮遇，例如唐代時高級官吏（三品以上）退休後，仍可在每月舉行朔望朝謁之禮和君臣討論朝政的「朝會」時，覲見皇帝。此外，高級官吏退休後去世，還可以得到贈官、贈謚，朝廷也會派人參加祭奠，有的還准入「賢良祠」，甚至配祀太廟。

97 古人告狀為什麼要擊鼓鳴冤？

擊鼓鳴冤並不是古代常規的法律程序，而是有重大冤情的平民告狀的最後手段。古代帝王為了表示樂於聽取臣民諫議或冤情，會在朝堂外面懸掛一張大鼓，允許臣民擊鼓上聞，這面大鼓因為有著「用下達上而施於朝」的作用而被稱為「登聞鼓」。擊鼓鳴冤有著悠久的歷史，傳說在堯舜之時，就已經出現了「敢諫之鼓」。周代時，出現了「路鼓」，並有官員守護，供百姓擊鼓申冤。

晉代以後，朝廷設置登聞鼓成為一種制度。宋、元、明、清等朝代還設有登聞鼓院或鼓廳，以受理四方吏民申訟為主要任務。登聞鼓最重要的作用就是使案件直達聖聽，直接由最高司法機構裁決。《唐律疏議・鬥訟》中記載：「有人……撾登聞鼓，……主司即須為受，不即受者，加罪一等。」唐代柳宗元〈先侍御史府君神道表〉中也說：「有擊登聞鼓以聞於上，上命先君總三司以聽理，至則平反之。」可見擊鼓鳴冤使不少案件得以平反。如南朝梁天監年間中，吉翂的父親被人誣陷入獄，被判死罪，年僅十五歲的吉翂「撾登聞鼓，乞代父命」，梁武帝蕭衍聽到後非常感動，「乃宥其父」（《梁書・吉翂傳》）。《明史

・刑法志》也有一個案例，明宣宗時，軍士閻群兒等九人被人誣告為盜，被判斬刑，家人拼死擊鼓訴冤，終於得伸冤情，救九人性命於刀下。

當然，敲登聞鼓上訴的也有蓄意誣告的人。《晉書・武帝紀》中的記載就反映了這樣的情況：「西平人麴路伐登聞鼓，言多祆謗，有司奏棄市……」不過當時皇帝的看法是：「朕之過也，舍而不問。」不願意因為個別人誣告的行為而廢除這種使普通百姓可以直接告狀的方式。可是到了宋代，皇帝的想法發生變化，認為擊鼓鳴冤破壞安定，因此對百姓擊鼓鳴冤的限制愈來愈嚴，如明代時規定「登聞鼓……非大冤及機密重情不得擊」（《明史・刑法志二》）；清代時規定「必關軍國大務、大貪大惡、奇冤異慘」才可以擊鼓。在清末四大冤案之一的「楊乃武與小白菜」案中，楊乃武的家人進京告狀，為了獲得擊鼓鳴冤的權利還要身受滾釘板之刑。

—延伸知識—楊乃武與小白菜案

楊乃武與小白菜一案發生在一八七三年，即清同治十二年。

楊乃武，字書勳，又字子釗，浙江餘杭人。家境小康，祖上養蠶種桑為業。楊乃武二十多歲考取了秀才。他為人性情耿直，平日看到地方上不平之事，總是好管多說，又常把官紳勾結、欺壓平民等事編成歌謠，因此與餘杭知縣劉錫彤結下了積怨。

「小白菜」是餘杭豆腐店夥計葛品連的妻子畢秀姑的綽號，這是因為她長得十分漂亮，皮膚白皙。小白菜與葛品連結婚後租住楊乃武家後屋一間，因此與楊乃武家往來比較密切。恰巧葛品連暴病身亡，街坊之中的一些好事之徒曾傳言「羊（楊）吃白菜」，再加上餘杭知縣劉錫彤宿與楊乃武有仇，於是捕風捉影的羅織了一些證據，同時將楊乃武和畢秀姑二人拘押，重刑逼供，要他們承認有姦情，並謀殺了葛品連。

屈打成招後，楊、畢二人被判斬刑。楊乃武和他的姐姐楊淑英、妻子詹氏不服，屢屢上訴，歷經知府、按察巡撫會審，但都因劉錫彤上下疏通賄賂，官官相護，依舊維持原判。於是楊淑英與楊乃武商議後，決定上京告御狀。第一次到京後，都察院問也不問，便將他們押解回浙，仍交巡撫審理。楊淑英不死心，又第二次進京。這次，《京報》報導了她們二人到京告御狀的消息，不久，《申報》也於同治十三年十月二十七日轉載了《京報》的報導。由於媒體的介入，案件迅速得到社會關注，並促使朝廷不得不降旨令刑部重審楊案。在慈禧太后親自過問與朝廷重臣的直接干預下，楊乃武和小白菜的冤案終於得以昭雪。

這個案件前後歷時三年四個月，案情複雜曲折，涉及大小官員數十名，震驚朝野，是晚清因為吏治腐敗懲治人員最多的一次。劉錫彤被革去餘杭知縣職務，並從重發往黑龍江，非年逾七十不准收贖。杭州知府陳魯、寧波知府邊葆誠、嘉興知縣羅子森、候補知縣顧德恒、龔心潼、錫光因草率定案，給予革職。侍郎胡瑞瀾、巡撫楊昌濬玩忽人命，予以革職。其他涉案人員均被判罰。楊乃武和小白菜也不是全身而退，刑部判定：雖無通姦，但同食教經，不知避嫌，且誣陷何春芳等人，以脫己罪，杖一百，楊乃武被革舉人身份不予恢復；葛畢氏因與楊乃武同桌共食、誦經讀詩，不守婦道，致招物議，杖八十。楊乃武出獄後，被革去功名，以養蠶種桑為生，西元一九一四年七十四歲時患瘡疽不治而死。畢秀姑出獄後，在南門外石門塘准提庵為尼，法名慧定。一九三〇年七十六歲圓寂。

98 為什麼古代執行死刑要在「午時三刻」？

古典戲曲小說裡常有「午時三刻」行刑的情節，如《西遊記》裡，犯了天條的涇河龍王，就是玉帝下旨讓魏徵在午時三刻斬首的。《水滸傳》裡，梁山好漢們劫的也是午時三刻的法場。古人真的是在午時三刻執行死刑的嗎？

其實，古代並沒有午時三刻執行死刑的硬性規定。唐宋時的法律規定，只能在未時到申時行刑，約合今天的下午一點至五點之間，明清時則對行刑時刻沒有明確的規定。那麼，為什麼偏偏是午時三刻頗受「垂青」呢？這與午時三刻之特殊性有關。古時將晝夜劃分為十二個時辰，又劃分為一百刻，午時三刻大約就是正午十二點。此時是太陽行至中天的時候，地面上的陰影最短，是一天之中陽氣最盛的時刻。古人認為殺人是「陰事」，無論處死的人是否罪有應得，他的鬼魂都可能會回來糾纏行刑的相關人員，因此在陽氣最盛的時候行刑可以驅趕陰氣，避免被鬼魂糾纏。同樣的，古代刑場選擇在鬧市，也有借助眾人的陽氣來驅鬼的意味。

古人將鬼魂、報應看得很重，因此行刑的人員也各有各的辦法辟邪。如法官在死刑執行令上簽字的時候，由刑房書吏將寫有死囚姓名的「犯由牌」倒置呈上，長官提朱筆不動，由書吏順勢一拖，死囚姓名勾到紅筆痕，這簽發死刑令的名頭就算在朱筆上了，與法官無關，而這支朱筆也就此丟棄不用。監斬官為了辟邪，則在監斬時穿上全套公服，外罩一件大紅斗篷，行刑結束之後還要到城隍廟燒香，求城隍老爺保佑。官轎進衙門大門前要放鞭炮，全體衙役穿戴整齊上堂「排衙」，以驅趕陰氣。劊子手作為親自行刑者，更是要在行刑之後披紅掛彩，到熱鬧的地方轉轉，驅散陰氣。

延伸知識｜皇帝誅殺大臣時，常常將他們「推出午門斬首」，這「午門」在什麼地方？

在很多古典小說中，都有皇帝下令將大臣「推出午門斬首」的故事情節。那麼，古代皇帝誅殺大臣時，真的是在午門行刑嗎？

午門作為建築的專用名稱，是直到元代末期才有的。元末至正二十七年（一三六七年），朱元璋在南京稱吳王，開始修築宮室，把皇城的南門命名為「午門」，這是午門第一次作為建築名稱出現，但當時，它只是皇城之門而非宮城之門。《明會典》中這樣記載：「吳元年，作新內正殿，曰奉天殿，前為奉天門……周以皇城。城之門南曰午門、東曰東華、西曰西華、北曰玄武」。到明代洪武十年（一三七七年），朱元璋又在南京整修大內宮殿，決定把闕門稱作午門，這是皇宮的正門以午門為名的開始。永樂十五年（一四一七年），朱棣在北京正式修建宮殿，一切都仿照南京皇宮之制，其宮門的正門，也沿稱為午門，又稱五鳳樓。此後，午門的名稱始終未再改變。

既然午門之名是在明代才確立的，那為什麼如《說唐後傳》、《封神演義》、《說岳全傳》等諸多描寫明代以前故事的古典小說中，也有「推出午門斬首」的情節呢？這是因為這些小說的作者都是明清時人，他們為了使讀者易於理解和接受，就採用了這種表述方式。不過，即使明清兩代，也不是在午門執行死刑的。古人執行死刑的過程也有著嚴格的規定，通常要經過秋審。之後將死刑犯交給刑部，明代多在西市、清代多在菜市口執行。人們訛傳的「推出午門斬首」實際上是明清兩代對觸怒皇帝的大臣實施廷杖。

其實，午門前面是一片寬闊的廣場，是舉行國家重要典禮的場所，每年的臘月初一，皇帝會親臨午門，舉行頒布來年曆書的「頒朔」大典。皇帝接受「獻俘禮」也在此舉行。清代的乾隆皇帝曾經四次登上午門受俘，寫下的受俘詩至今仍保存在午門樓上。

99

古代的大臣在面見皇帝的時候，手裡常拿著一塊狹長的板子，這塊板子是什麼？

《紅樓夢》「好了歌」中有一句「陋室空堂，當年笏滿床」。這裡所說的「笏」就是古代朝臣面見皇帝時手裡捧著的那塊板子，從周代一直沿用至清初。

笏，也稱笏板、手板、玉板或朝板，是古代臣下上殿面君時的工具，通常由玉、象牙、竹木製成。關於它的用途，《禮記．玉藻》解釋說：「凡有指畫於君前，用笏；造受命於君前，則書於笏。」古時沒有紙張，文武大臣朝見君王時，雙手執笏以記錄君命或旨意，也可以將要對君王上奏的話記在笏板上，以防遺忘。《禮記》中還規定了笏的尺寸「長二尺六寸，中寬三寸」。唐代時，官吏面聖時都要持笏，已成制度，公卿也不例外。這一方面是為了議事時記事，一方面是為了遮面以防驚了聖駕。唐武德四年以後，五品以上官員執象牙笏，六品以下官員執竹木笏。明代規定五品以上官員執象牙笏，五品以下不執笏；從清朝開始，笏板就廢棄不用了。

笏在古代是身份和地位的象徵，因此君臣對笏都很重視，專門擺放笏板的架子叫「笏架」，專門盛放笏板的袋子叫「笏囊」。宋太宗還曾賜予大臣們「笏頭帶」以示恩典。至於「好了歌」中說的「笏滿床」也是有典故的，來源於《舊唐書・崔神慶傳》：「開元中，神慶子琳等皆至大官，群從數十人，……每歲時家宴，組佩輝映，以一榻置笏，重疊於其上。」此後，就用「笏床」表示子孫多顯官。

延伸知識｜古人為什麼喜歡如意？它是怎麼來的？

如意最早是指古代的一種生活用品——爪杖。宋吳曾《能改齋漫錄・事始二》中引用《音義指歸》說：「如意者，古之爪杖也，或骨角竹木，削作人手指爪，柄可長三尺許。或脊有癢，手所不到，用以搔抓，如人之意。」可見，那時的如意跟今天的「不求人」差不多，是因為「能如人意」地撓到手所不至之處，所以得名的。如意可由骨、角、竹、木、玉、石、銅、鐵等材料製成，在魏晉南北朝時候就已比較流行了。例如晉代石崇與王愷鬥富時，打碎珊瑚樹時用的就是鐵如意。

除了抓癢之外，如意還有別的用途，例如比劃或者防身。如《南史・韋叡傳》說：「雖臨陣交鋒，常緩服乘輿，執竹如意以麾進止。」說的就是拿如意作指揮棒用。後來，如意也成了梵語「阿那律」的意譯。阿那律是自印度傳入的一種佛具，形狀像長柄鉤，鉤頭扁如貝葉，與中國原有的爪杖形制相似，因此也以如意稱之。和尚宣講佛經時，常手持如意，記經文於上，以備遺忘。可見如意很是實用。

後世的如意以其名字吉祥而廣受歡迎，象徵著吉祥如意，幸福來臨，是供人們玩賞的器物。供觀賞的如意一般長約一、二尺，頭部呈彎曲回頭之狀——表示「回頭即如意」的意思，而柄端由直狀變為小靈芝形、雲朵形等多種形狀。製作材料也講求精緻，有琺瑯如意、木嵌鑲如意、天然木如意、金如意、玉如意、沉香如意等等。其中尤以玉如意居多，寓意「君子比德如玉」。

明、清以後，如意廣為流行，成為有中國特色的吉祥文化的一部分。清代時，紫禁城的寶座旁、寢殿中均擺有如意，以示吉祥、順心。皇帝、皇后也常用如意作為賞賜王公大臣之物；在皇帝選妃時，若將如意交入一人手中，那就意味著她將成為皇后。富有之家也常相互饋贈如意作為貴重禮品，以祝願稱心如意。

100

《紅樓夢》裡有個情節，說林黛玉讀書讀到「敏」字的時候都要跳過去，為的是避諱母親的名字。古人有哪些需要避的名諱呢？

這段情節出現在《紅樓夢》第二回中。賈雨村從冷子興那兒知道林如海與賈家的淵源關係後，想到女學生林黛玉日常讀書寫字有個怪習慣——讀到「敏」字時總是念作「密」，而寫這字時，要略去一二筆，恍然大悟：原來，她的母親就是賈赦、賈政之妹賈敏。黛玉所為，正是古人慣常用的避家諱的做法。

家諱是古代常見的避諱之一，主要就是避諱父母的名字。林黛玉如此，大史學家司馬遷也是這樣。司馬遷的父親叫司馬談，在寫作《史記》的時候，他便小心避開「談」字，在不得不寫時，便改作「同」。如《趙世家》中的張孟談變成了張孟同，《佞幸列傳》中的趙談成了趙同。范燁的父親名泰，於是《後漢書》裡的泰字一律寫作「太」。古人避父諱還會鬧出笑話。據元人仇遠《稗史》記載，南宋名相錢良臣的小兒子頗聰明，每讀書，至「良臣」二字便不敢讀，要念成「爹爹」。一日讀《孟子》，有句云：「今之所謂良臣，古之所謂民賊也。」他讀作：「今之所謂爹爹，古之所謂民賊也。」反而罵了他爹。

古人對家諱看得很重，父母的名字不僅不能說、不能寫，甚至與之讀音相近的事也不能做。唐朝詩人李賀，二十一歲參加河南府試，成績優異，被薦應進士舉。他興致勃勃進京趕考，不料有人攻擊他父名晉肅（音似進士），應避諱，不得考進士。韓愈惜才，專門為他寫了一篇〈諱辯〉說：父名「晉肅」便不得考進士，那父名「仁」，還不得為人不成！韓愈的文章引經據典，說理充分，卻未能改變李賀的命運。他無法應試，抑鬱不得志，二十七歲便去世了。

古人除了要避家諱，還要避聖諱。如唐代避太宗李世民的諱，朝廷六部之一的民部改稱戶部；清代避雍正皇帝胤禛的諱，大學者王士禛改名王士正，後經乾隆皇帝欽定，改名王士禎。此類事例，不勝枚舉。有些避諱，十分無道理。據《邵氏聞見後錄》記載，北宋名臣文彥博，祖上原姓敬。五代時出了個著名的兒皇帝石敬瑭，他家的姓便觸諱，只得改姓。好在石敬瑭建立的後晉年壽不長，後晉一滅，他家趕緊恢復了原姓。到文彥博祖父時，趙匡胤建立宋朝，因為趙匡胤的父親叫趙敬，所以他家又犯了忌，還是得改。

另外，孔聖人的諱也是要避的。宋人讀書，見孔丘二字便讀作「某」，單遇「丘」字，則讀作「區」或「休」；地名瑕丘縣、龔丘縣等，也改成瑕縣、龔縣。清雍正年間規定：除四書五經外，凡遇丘字，都加「阝」旁而成「邱」，讀丘字古音「期」。古人要避的聖諱還不止這些，宋代禁止以龍、天、君、玉、帝、上、聖、皇等字為名。明初因朱元璋曾出家為僧，又舉義旗為「賊」，便忌僧、賊等字。清初避胡、虜、夷、狄等字。有趣的是，為了避諱方便，皇帝也得改名。清代的嘉慶皇帝就在登基後，將名字永琰改為顒琰，為的就是方便大家避諱。此後這種做法形成了慣例。

除此之外，古人還要避「上級長官」的諱。五代時的政治不倒翁馮道，歷事四朝，都做到了太傅、宰相一類的大官，在當時很有權勢。他家的一位門客善講《老子》。但《老子》的第一句「道可道，非常道」就讓他犯諱：主人的名字他如何敢說！於是他便把這句話改成：「不敢說可不敢說，非常不敢說。」這完全是一種諂媚了。

延伸知識—古人是如何迴避名諱的呢？有不避諱的嗎？

古人避諱之法，主要有四種：改字、空字、缺筆、改音。

改字是古人避諱的主要方法，即以意義相同或相近的字代替須避諱的字。這類例子很多。如秦避莊襄王子楚（秦始皇之父）之諱，稱楚國為荊國。東漢避明帝劉莊諱，改莊字為嚴字。如此一來，西漢名臣莊助在《漢書》中成了嚴助，而春秋五霸之一楚莊王便成了楚嚴王。再如眾所周知的嫦娥，其實她的原名叫姮娥（又作恒娥），李白有「白兔搗藥秋復春，姮娥孤棲與誰鄰」（〈把酒問月〉）的詩句。她因漢代避文帝劉恒諱（一說宋代避真宗趙恒諱）改名常娥，後寫作嫦娥。

空字就是遇到須避諱的字時寫上「諱」的字樣。例如東漢許慎在《說文解字》中，將禾部「秀」字，艸部「莊（莊）」字，火部「炟」字，戈部「肇」字，示部「祜」字，注曰「上諱」，以避東漢光武帝、明帝、章帝、和帝、安帝諱。再如《舊唐書·睿宗紀》中的「臨淄王諱」，即指唐玄宗。有些空字避諱，導致原字難以推斷。如清人王昶撰寫的研究金石學名著《金石萃編》，書中摹刻碑文凡遇清帝之諱，一律寫上「廟諱」二字，以至難以索解原字。

缺筆就是將須避諱的字簡省筆劃，據說始於唐朝。如唐代多將葉字中間的「世」寫作「云」，將昏（上有民字）寫作昏等。此後以缺筆避諱的例子就多了，如孔丘的丘字常缺中間一豎；《四庫全書》中玄字均無最末一筆，這是避康熙帝玄燁的諱。

最後是改音。據《宋史·禮志》記載，南宋紹興二年十一月，禮部太常寺向高宗皇帝建議：淵聖皇帝（欽宗）御名桓，桓在古代典籍中，有四義——威武、迴旋、植立之象、姓氏。作前面三義時，不改字，只改音，分別讀成威、旋、植；作姓氏時，去「木」旁，改作「亘」。史學家陳垣說：南宋禮部的這一建議最後沒能實行。直到清代，僅以改音避帝王廟諱的做法，都不曾付諸實施。

在封建時代有諱不避，後果是相當嚴重的。《唐律疏議》規定，直呼皇帝名諱，是「大不敬」罪，屬「十惡」不赦之條。清乾隆四十二年，出了一個「王錫侯字貫案」，以不避聖諱的罪名誅殺多人，其刑罰之重前所未有。事情是這樣的：江西舉人王錫侯修訂《康熙字典》，自編《字貫》一書。書中「凡例」列舉康、雍兩朝廟諱及當朝皇帝御名，經人告發，乾隆認為

「深堪髮指」、「罪不容誅」。結果，王錫侯被處斬立決，十六歲以上男性親屬被處斬，十六歲以下男性親屬以及所有女性親屬被處流放或為功臣家奴。江西巡撫海成因處理不力處斬監候，原江西布政使、按察使等均被革職。受株連者將近百人。其實王錫侯已對玄燁、胤禛、弘曆等字樣作過缺筆處理，只是沒有更嚴格的拆分其字（如弘曆二字得寫成：上一字從弓從厶，下一字從厤從日）而已。

但在歷史上，避諱也不是在每個朝代、每個時期都很嚴格。如元代統治者為蒙古人，漢化不深，帶有草原民族的淳樸風習，終元一代，對避諱並不講究。清人趙翼《廿二史劄記》卷二十九有「元帝后皆不諱名」條，說：「元代帝后生前皆無徽稱，臣下得直呼其名，蓋國俗淳樸，無中國繁文也。」如果說元代的例子比較特殊，其他朝代，也有不避諱之例。如東漢靈帝時的碑刻，遠不避光武帝諱，近不避桓帝諱。另外，明代避諱也不甚嚴。明人沈德符在《萬曆野獲編》補遺二中說：「避諱一事，本朝最輕。如太祖御諱下一字（璋），當時即不避。宣宗英宗廟諱下一字（基、鎮），與憲宗舊名新名下一字（深），士民至今用之。」明代南京禁城北門名厚載，「厚」字犯了明武宗正德皇帝厚照、世宗嘉靖皇帝厚熜的諱；「載」字犯了穆宗隆慶皇帝載垕的諱。明神宗皇貴妃鄭氏居翊坤宮，「翊」字便犯了神宗萬曆皇帝翊鈞的諱。所有這些，「內外所稱，章疏所列，俱公然直呼，恬不為怪，亦無一人議及之。」（《萬曆野獲編》補遺三）

歷史上還有不避父諱的例子。如東晉大書法家王羲之諸子中，名氣較大的有五位：玄之、凝之、徽之、操之、獻之。徽之有子楨之，獻之嗣子靜之。祖孫三代，竟都以「之」字為名。魏晉南北朝時，父子之名字同用一字的，遠不止王羲之一家，可以說是一時風尚。更有趣的是，這一時期還出現了直呼父字的父子。西晉名士胡毋輔之，字彥國。《晉書》卷四十九記載說：「（輔之子）謙之字子光。才學不及父，而傲縱過之。至酣醉，常呼其父字，輔之亦不以介意，談者以為狂。輔之正酣飲，謙之而厲聲曰：『彥國年老，不得為爾！將令我尻背東壁。』輔之歡笑，呼入與共飲。」真是一對奇父子。這大概與魏晉時代重真情、輕禮法的社會背景有關。

101

「公侯伯子男」分別是什麼爵位？這種說法是外來語嗎？

以「公侯伯子男」來稱呼爵位，在中國有著很長的歷史，這種說法並不是外來語，只是西方貴族的爵位也分為五等，所以翻譯時套用了公、侯、伯、子、男的說法。

中國古代封爵制度起源於何時，沒有定論，但在《禮記・王制》中就說：「王者之制祿爵，公侯伯子男凡五等。」唐杜佑所撰《通典・職官・封爵》中也記載：「黃帝：方制萬里，為萬國，各百里。唐虞夏：建國凡五等，公、侯、伯、子、男。殷：公、侯、伯三等，公百里，侯七十里，伯五十里。周：公、侯、伯、子、男五等……」可見這種五等爵制度由來已久，並在歷史發展中有相當大的變化。

封爵制度與宗法制度有著密切關係，最初的受爵者僅是王族，後來才有功臣受爵。西漢以後，皇族封爵與功臣封爵一直並存，並延續到清代。秦朝以前的君主稱王，封爵中最高的一等為公。自秦始皇稱帝後，歷代最高的封爵為王，通常封與皇子。西晉以後，皇族封爵與功臣封爵名稱合併，但最高一級的王、親王只封給皇族。到了明代，在爵位中加鎮國將軍、鎮國中尉等名稱。清朝皇族爵位分十四等，其中貝勒、貝子是滿語「天生貴族」的音譯。

爵位與官職也有一定的關係。西周時的公、侯等爵，對周天子稱臣，但在封國內就是君主，官爵合一。此後，官與爵逐漸分離，爵位大部分時候是一種榮譽稱號，有爵位不一定有實權。但在某些時期也有例外，例如西漢、西晉及明朝初期，宗室王在封國內有軍事、行政權，勢力逐漸膨脹，先後釀成「七國之亂」、「八王之亂」、「靖難之變」等，嚴重威脅皇權。

爵位與食祿相對應。西周時，公、侯是封國內的君主，封國內的財政收入全歸其所有，但公、侯要對周天子承擔鎮守疆土、交納貢稅、朝覲述職等義務。以後封爵都有食邑，但不是自己徵收，而是由王朝撥給，這種食邑變成了一種虛名，不再領有具體的土地，而是在爵位前加所謂「食實封」若干戶，享有相應的封戶租稅，或從國家定期領得一定封賜。

延伸知識 西方的爵位制度

爵位是歐洲封建君主國內分封貴族的等級制度。最早出現於中世紀，一般以佔有土地的多少來確定分封爵銜之高低。最初只有公爵、伯爵和男爵。公爵的稱呼最早指省的行政或者軍事長官，後來也用來稱呼大領主。伯爵則是克洛維時期的軍隊指揮官，因為隨軍戰鬥而獲得領地，所以也成了領主。男爵是對顯貴的尊稱。子爵和侯爵最初相當於副伯爵和副公爵，後來也成為爵號的一級。

爵位制度在近代仍然有些國家繼續沿用，例如在英國，至今仍有公、侯、伯、子、男五等爵位。與中國周代集中建立的爵位制不同，英國的五等爵位是逐步確立的。

公爵是第一等級，地位最高。在英國最早被封公爵的全部都是王室成員，直到十五世紀後才打破這個慣例。在正規場合公爵穿深紅色的絲絨外套，帽子上鑲四條貂皮。其冠冕上有一個金環，上飾八枚紅色金葉片。

侯爵是第二等級，主要分封給貴族，如具有特別全權的邊區長官。侯爵相當於藩侯，初時其地位與伯爵相同。到了十五世紀，侯爵爵號的地位被普遍認可，成為公爵和伯爵之間的第二級爵號。與其他等級的貴族相比，侯爵的數目一向最少。在重大場合，侯爵穿紅色絲絨外套，帽子上鑲有三行半貂皮，冠冕上裝有一個銀環，帶有四片金葉和四個銀球。

在英國五級貴族中，伯爵出現得最早。伯爵最初多是鎮守一方的諸侯，是英國最高級的爵位，在地方上負有對男爵、騎士的管理責任。西元一二三七年黑王子愛德華被封為公爵，此後，伯爵的地位就逐漸落於侯爵與子爵之間。在重大場合，伯爵穿著鑲有白色毛皮邊的深紅色絲絨外套，軟帽上縫鑲著三條貂皮以表明爵位級別，冠冕上有鍍金銀圈，上沿飾有八個銀球。

子爵原是法蘭克王國的官吏名，由查理曼國王創制，後來傳到歐洲其他國家。在英國上院的貴族中，子爵資格最淺。子爵出席重大場合時，帽子上有兩行半貂皮，冠冕上加一個銀環，飾有六個銀球。

男爵是貴族爵位中最低的一級。在英語中，男爵本義為「只不過是普通的人」，後來演變為「強有力的人」。最初，那些直接得到國王賞賜土地的大佃主，概可稱為男爵，但並不是爵號，而是作為貴族的集合名詞使用。到理查二世時，男爵才成為英國貴族的正式爵位。男爵在五等爵位中人數最多。在正式場合，男爵穿著與伯爵同樣的外套，帽子上鑲有兩條貂皮，冠冕上有一淺色銀圈，飾有六個銀球。

在上述的這五等貴族爵位中，又根據其能否傳給後代，分為世襲貴族和終身貴族兩類。世襲貴族可由長子繼承爵位，終身貴族則僅限本人活著時擔任。平民只能被授予准男爵和騎士這兩個稱呼，准男爵可以世襲，騎士則不能。

閉門羹是什麼？可以吃嗎？——從古人詞語學文化常識1

作　　者　邵穎濤等
封面設計　呂德芬
責任編輯　王慧芬、劉文駿、張海靜
行銷業務　王綬晨、邱紹溢、劉文雅
行銷企畫　黃羿潔
副總編輯　張海靜
總 編 輯　王思迅
發 行 人　蘇拾平
出　　版　如果出版
發　　行　大雁出版基地
地址　231030 新北市新店區北新路三段207-3 號5 樓
電話　02-8913-1005
傳真　02-8913-1056
讀者傳真服務　02-8913-1056
讀者服務信箱　E-mail andbooks@andbooks.com.tw
劃撥帳號　19983379
戶名　大雁文化事業股份有限公司

出版日期　2025年9月 再版
定價　450元
ISBN　978-626-7752-28-9
有著作權・翻印必究
歡迎光臨大雁出版基地官網　www.andbooks.com.tw
訂閱電子報並填寫回函卡

國家圖書館出版品預行編目(CIP)資料

閉門羹是什麼？可以吃嗎？從古人詞語學文化常識1 -- 再版. -- 新北市：如果出版：大雁出版基地發行, 2025.09
面；　公分
ISBN 978-626-7752-28-9（平裝）
1.中國文化 2.問題集
630.22　　114010542

本書原書《問吧2》由中華書局出版，授權如果出版・大雁文化事業（股）出版中文繁體字版本。
非經書面同意，不得以任何形式任意重製、轉載。